新时代校园足球文化建设与科学训练

郭海芳　著

北　京
冶 金 工 业 出 版 社
2019

内容提要

本书共分6章，主要内容包括：新时代校园足球文化的相关概念；新时代校园足球运动的科学保障；新时代校园足球文化现状与发展；新时代校园足球运动发展与训练；新时代校园足球运动训练实践；新时代校园足球运动的可持续发展与战略研究。

本书具有学术性、知识性和应用性，可供从事体育运动的技术人员和管理人员阅读，也可供本科和职业院校有关专业师生参考。

图书在版编目(CIP)数据

新时代校园足球文化建设与科学训练/郭海芳著.—北京：冶金工业出版社，2019.7

ISBN 978-7-5024-8186-5

Ⅰ.①新… Ⅱ.①郭… Ⅲ.①青少年—足球运动—运动训练—研究—中国 Ⅳ.①G843.2

中国版本图书馆CIP数据核字(2019)第139345号

出 版 人　谭学余
地　　址　北京市东城区嵩祝院北巷39号　邮编　100009　电话　(010)64027926
网　　址　www.cnmip.com.cn　电子信箱　yjcbs@cnmip.com.cn
责任编辑　俞跃春　美术编辑　郑小利　版式设计　孙跃红
责任校对　郑　娟　责任印制　李玉山
ISBN 978-7-5024-8186-5
冶金工业出版社出版发行；各地新华书店经销；北京建宏印刷有限公司印刷
2019年7月第1版，2019年7月第1次印刷
169mm×239mm；9印张；173千字；136页
68.00元

冶金工业出版社　投稿电话　(010)64027932　投稿信箱　tougao@cnmip.com.cn
冶金工业出版社营销中心　电话　(010)64044283　传真　(010)64027893
冶金工业出版社天猫旗舰店　yjgycbs.tmall.com

前　言

现代足球运动自清末经香港地区传入内地，已有百余年发展历程，足球运动已成为一项名副其实的国际运动。随着中国足球运动的不断发展，中国足球迎来了一个全新的时代，足球必将重新唤起中国球迷的信心和热情。青少年的业余生活是丰富多彩的，而足球运动以它独有的魅力赢得了众多青少年的青睐。足球运动已成为新时代青少年重要的锻炼手段。同时，中国的足球水平要想得到全面提高，就要让更多的学生喜欢足球，参与足球运动，就要让更多的学校开展足球活动。

构建新时代校园足球文化，完善校园足球各项制度建设对于规范我国新时代校园足球健康发展显得尤为重要。将可持续发展的基本理念植入校园足球发展中，并用以指导校园足球活动的可持续发展实践，是对可持续发展理论的一种延伸。在这样一个大背景下，作者撰写了本书。

本书共设6章。第一章是新时代校园足球文化相关概念的阐述，为后文做出铺垫；第二章是新时代校园足球运动的科学保障，论述了校园足球运动与营养、校园足球运动的疲劳和恢复、校园足球运动的损伤及预防和处理、校园足球运动常见的运动性疾病；第三章探讨了新时代校园足球文化现状与发展；第四章探究了新时代校园足球运动发展与训练，内容囊括了校园足球运动员的身体、心理发展特点以及目前校园足球运动员的训练现状，提升训练水平的原因分析；第五章是新时代校园足球运动训练实践，详细分析了新时代校园足球运动的技术以及战术训练，并进一步论述了新时代校园足球运动员的群体凝聚力培养，具体包括人际沟通能力研究、成就动机研究和领导方式研究等内容；第六章是对新时代校园足球运动的可持续发展与战略的研究，主要解读了可持续发展战略，阐述了新时代校园足球运动可持续发展的意义和原则，同时进一步对新时代校园足球运动可持续发展的战略制定和推进给出了建议。

本书从整体内容构思和结构上都力求做到系统性、严谨性，并与当前社会文化发展紧密结合，突出时代特点。

本书参考和借鉴了一些相关的参考文献，在此表示衷心感谢！

由于作者水平所限，书中不妥之处，敬请读者批评指正。

作　者

2019 年 2 月

目　录

第一章 新时代校园足球文化的相关概念

文化是人类社会所特有的历史现象，产生于人类的社会生产实践之中，并且影响着人类的实践活动，贯穿于社会发展始终，文化的重要性无须多言。因此，研究文化便成为人们了解社会、了解世界、了解人类的重要途径。本章阐述了文化、体育文化、足球运动、足球文化以及校园足球文化的相关概念。

第一节 文化与体育文化

一、“文化”概述

广义的文化，即“人化”，意即凡是人类留下的痕迹都是文化；狭义的文化，则是指区别于政治、经济而存在的社会制度、科技，存在于某一特定人类群体的意识形态、各种习俗等。文化包括物质文化、精神文化、制度文化等因素，是一个广义的文化概念。也有不同学者从文化的历史性、文化的功能性、文化的社会性、文化的主体性等不同的角度，分别对文化做出了定义，在此不再赘述。

在我国，对文化的研究在各个历史时期也可谓百舸争流。梁漱溟、张岱年等学者均对文化的含义做出过系统阐述。在中国《新华词典》中对广义的文化定义包含了物质和精神财富，而狭义的文化则仅指精神财富。由此可见，对于广义的文化，可以认为包含了人类社会所创造的一切，包括物质、精神和制度；而狭义文化，则特指精神层面。本文从广义角度来理解文化。

二、“体育文化”概述

（一）体育文化的内涵

我国学者对于体育文化的研究，大致可以认为始自20世纪80年代。“全国首届体育与文化研讨会”在成都体育学院召开，这次会议也是现在公认的关于我国体育文化研究的源起。自那时起，关于体育文化的理论研究便掀起了高潮，也取得了较好的研究成果。易剑东教授认为“体育文化是一种利用身体活动以改善人类身体素质、追求精神自由的实践活动”。❶ 我国知名学者卢元镇教授认为“体育文化是关于人类体育运动的物质、制度和精神文化的总和”。❷ 在这里要指出，人类体育运动既包含竞技性的以取得优异成绩、夺取胜利、挑战人类身体极限为目的的职业体育运动，也包含非竞技性的以强身健体、提高生活质量和思想水平的大众体育运动。体育文化的发展伴随在不断的社会演变进程之中，并且于无形中对外展示着这个国家的内涵，不断满足着人类情感上、身体上的各种需求。也正是这种对于国家和民族的意义以及普通人的需求，不断使得我国学者对体育文化的研究走向深入。

（二）体育文化的起源

在人类社会早期，人类对于自然资源的利用与现今社会无法相提并论，在当时利用自然资源的目的仅仅是为了自身的生存和繁衍。正是在这个最为原始的目的的驱使下，人类经过漫长的进化发展出了跑、跳、投、攀等生存技能。在人类步入更高的文明社会之后，这些技能不再单纯地作为一种生存技能，而是将其作为文化传承下来。人类的能动性使得人类社会不断发展。相应地，文化也是如此。作为文化子系统之一的体育文化，也在人类璀璨的文化历史长河中渐渐留下浓墨重彩的一笔。随着对体育文化研究日益深入，逐渐形成了五种主要的起源学说，虽然尚未取得统一，但这些理论本身也说明了体育文化的灿烂文明成果。随着我国体育事业从大国向强国迈进，体育文化之研究也必然走向深入。

（三）体育文化的主要功能

在古代，我国传统体育文化曾绽放于世界民族之林，赢得许多国外人士的青睐。比如我国的武术，至今仍在世界上引领着一股风潮。对体育文化的功能的认识建立在对体育功能的理解之上，思考的角度不同，则对于体育功能的认识就不同。对于个体，体育功能主要包括育体、育德、育智、育美等。

育体功能是指体育对于个体身体素质的改善；育德功能是指体育对于个体品德、德行、礼仪等的培育；育智指体育对于人类智力、知识和思维等的培养；育美功能指对身体、动作、技术、思想等的美的追求。

---

❶ 易剑东．体育文化学［M］．北京：北京体育大学出版社，2006.

❷ 卢元镇．体育社会学［M］．北京：高等教育出版社，2000.

体育文化的功能包括对处在某种文化氛围中人群的导向、凝聚、激励和调和功能。导向功能即文化会对身处其中的人产生一种指引，将大部分人所认可的观念、目标、追求、准则等内化为一种明确的前进方向，渐渐使得整个群体都为之努力；凝聚功能即通过所处其中的人群共同的价值观、理想信念、奋斗目标等，将某个群体的精神和行为进行黏合，使之形成合力，团结群体；激励功能体现在文化对所处其中的群体之个人的尊重，使之感受到存在的自身价值，使个体或群体由内而外产生一种不断向上的动力；调和功能是文化对所处其中的个体之间进行磨合，将文化的共性得以延续，而使优秀的个性得以被更广泛的人接受，使文化更少地被内耗。由此观之，体育文化的功能可以概括为保证体育发挥其功能的各种软性条件。

第二节 足球运动、足球文化与校园足球文化

一、足球运动

足球运动被誉为“世界第一大运动”，是世界上最受人们喜爱、开展最广泛、影响最大的体育运动项目。它是主要以脚支配球，两个队在同一场地内进行攻守，以进球多少决定胜负的体育运动项目。

世界各国公认现代足球起源于英国。1863 年 10 月 26 日，由伦敦 11 个最主要的俱乐部和学校在伦敦的弗里森酒店举行会议创立了英格兰足球协会，与此同时也产生了世界上第一个统一的足球规则（共 14 条）。1863 年 10 月 26 日被世界公认为现代足球的诞生日。

1904 年 5 月 21 日，由法国、比利时、丹麦、荷兰、西班牙、瑞典、瑞士 7 个国家共同创立了国际足球协会。到目前为止，国际足联会员协会的会员已增加到 200 多个，成为会员协会最多的国际单项体育组织。

国际足联的宗旨是促进国际足球运动的发展，发展各国足球协会之间的友好联系。国际足联的第一任主席是法国人罗伯特·格林，到目前为止已经经历了九任主席，现任主席是詹尼·因凡蒂诺先生。

1928 年国际足联举行会议，决定以后每四年举行一届世界足球锦标赛，1956 年改名为朱尔·里梅杯赛，后来简称里梅杯或世界杯足球赛。1971 年国际足联制作了新的奖杯，命名为国际足联世界杯，并设为永久性流动杯。1930 年首届世界杯在乌拉圭举行，到目前为止，世界杯已经成功举办了 21 届。2018 年俄罗斯世界杯（英语：2018 FIFA World Cup，Чемпионáт мúра по футбóлу 2018）是第 21 届世界杯足球赛。比赛于 2018 年 6 月 14 日开赛，在俄罗斯境内 11 座城市中的 12 座球场内举行。

二、足球文化

足球文化包含很多方面的内容，国内的学者也进行了较为系统和全面的研究，囊括了足球文化的各个方面。例如明确足球文化的涵盖范围，探讨国家精神与足球文化之间的关系等。足球作为文化现象出现是自然而然的。

由于足球是文化的一部分，足球文化必定会受到一个国家整体文化氛围的影响。例如，英国的绅士文化、巴西的桑巴舞文化、阿根廷的探戈文化、法国的浪漫主义文化等都会渗透到自己国家的足球文化当中，而足球文化也反过来弘扬和体现了一个国家特有的文化特征。

不同的文化对于一个人产生的影响就像我国历史典故中所说的“橘生淮南则为橘，生于淮北则为枳”。不过，差异化的足球文化也增添了足球运动的魅力，让人们在运动中感受文化精神所带来的冲击和鼓励。

与此同时，文化的本质是要为人类提供服务，足球文化也不例外，所以，无论是通过专业竞技比赛的形式还是日常生活中增添生活乐趣、强健体魄的大众活动，其目的都是通过足球来为人们提供相应的服务。认识到这一点，就能准确地为足球文化下定义，它指的是秉持以人为本的基本原则，以足球运动的形式向人们传播各种形式的文化。这其中不仅包含足球运动自身，还涉及一些相关的消费产品、足球爱好者、足球艺术等，同时还体现了足球运动的并驱争先、团结合作、奋发图强、永不放弃的足球精神。

足球在我国已经经历了上百年的发展历史，但可惜的是，我国的足球运动并没有与优秀的文化实现很好地融合，足球事业的发展停滞不前。

中国的传统文化深受儒家思想的影响，也有道家思想和佛家思想的渗透，古代足球文化受儒家“仁、礼”思想的影响特别注重足球娱乐和健身的功能，其竞争的内涵并不受重视。儒家的中庸思想使足球在发展过程中，其内容和活动形式脱离了应有的本质，比如校园流行的足球操和剪纸等活动。这些各种各样的活动形式都有其存在的意义，但是这种活动与足球的本质相去甚远，导致这种结果的原因是我们没有把握好足球的本质。

所以，在发展足球文化时，要始终把握足球的本质，虽然有些内容的确与足球相关，但是还要看其是否符合足球的本质。总之，中国足球文化中并没有为并驱争先、竞技对抗的足球精神提供生长的沃土，而是儒家思想的“仁、礼”思想占据着足球文化精神的主要地位。现在足球发展需要传统文化向国外文化学习，促进二者的融合，达到相得益彰的效果，但是在融合的过程中不能违背足球文化自身的发展规律。

足球文化以足球运动为依托，逐渐形成具有各个国家和区域特色的综合体。形式与形态是足球文化的基础，足球文化包含精神、物质，以及二者的结合。世界各个国家和地区的人们在足球运动实践中，经过长期的归纳、总结、延伸、创新，最终使足球文化发展成为多种形式的统一。

足球物质文化、精神文化以及制度文化组成了足球文化，三者互相配合，互相补充，缺一不可。

（1）足球文化的基础是物质文化。足球、足球场地、足球训练的辅助设施等都可保障足球的顺利发展，是足球发展的物质基础，只有这些物质基础的存在足球文化才能有序地发展。

（2）足球文化的关键是制度文化。足球运动的参与主体是人，如果没有足球制度和规则，人们在足球比赛时按照自己的主观意愿踢，必然导致现场混乱，各执己见，互不相让，甚至出现打架斗殴的现象。足球制度和规则对足球运动员或者足球活动参与者加以约束，明确每人能做与不能做的事，有利于足球比赛的顺利进行，有利于促进足球事业以及足球文化的发展。

（3）足球文化以足球精神为指导。足球运动在欧洲非常盛行，很多球迷已经把足球爱到骨子里，可以不吃饭、不睡觉，但是不能不踢球、不能不看球，足球已然成为他们生活的必需品。他们不仅爱足球，更将足球精神发扬光大，很多球迷在生活和工作中具有较强的竞争意识，将足球精神中的竞技竞争精神融入生活中，这体现了足球精神的指导作用。

三、校园足球文化

我国专家研究校园足球文化的方向主要是，校园足球文化的概念和其作用、我国与国外的校园足球文化的比较研究、现在发展的状况和相应对策研究等有关方面。这些研究有助于人们理解校园足球和校园足球文化，有利于校园足球的健康有序发展，建立良好的校园足球氛围。

校园足球文化的概念可分为广义与狭义两种。前者是校园内与足球有关的活动都算校园足球的范畴，比如，学校为学生设置的足球课程、校园内的足球比赛、校园内部学生组织的足球协会、足球啦啦队、足球宝贝与足球的培训或者讲座、所有的足球比赛转播、足球彩票等。后者就是学校与学校举行的足球比赛，比如“飞利浦中国大学生足球联赛”，这项联赛活动还是校园竞技运动。二者相辅相成，广义的足球活动是狭义足球比赛能够良好进行和发展的物质保障，狭义足球比赛又是广义的足球活动中的最高层次，是校园足球文化的最重要的内容，二者互相配合、缺一不可，前者有利于校园足球文化在校园中的普及，后者有利于校园足球文化的提高。

校园是校园足球文化发展传播的物质基础，学校的老师和学生是其主体。心理观念层、行为制度层和实体层构成了校园足球文化，其中心理观念层也称核心内隐层，对应精神文化；行为制度层又称中间连接层，对应制度文化；实体层又称外在表现层，对应物质文化。校园足球文化以教育为主要功能，而且教育又是发展的主要目的，传授学生足球相关知识和教会学生足球相关技能是校园足球文化教育功能的基本内容，校园师生对足球的理解和认识与校园足球文化的作用是校园足球文化教育功能的核心内容。

虽然不同专家对校园足球文化的判定不同，但是对其本质属性的理解是一致的。当下很多专家学者认为，外显层、中间层和内隐层构成了校园足球文化，其中外显层对应物质文化，中间层对应制度文化，内隐层对应精神文化。内隐层（精神文化）是校园足球文化的核心部分，对校园足球文化的发展非常重要。现在学校非常关注学生的体育教育，学校建设校园足球精神文化有利于足球发挥其教育功能和体教相结合的教育新思路的形成。所以，在建设校园足球文化的过程中，要以建设精神文化为核心。

第二章

新时代校园足球运动的科学保障

相对于众多的体育运动，足球运动是一项高强度、高对抗的体育活动，更需要科学的方法、手段来指导和处理。本章主要论述了一般的营养知识，使人们能通过合理膳食来保持足球运动后的较佳体质状态；通过对运动疲劳产生原因的分析，引导人们在足球运动后根据自身的身体状况提高自我的健身意识；通过对必要的运动损伤及处理的相关知识分析，以期人们能最大限度地避免在足球运动中出现恶性事故，并能对一般的损伤进行必要的处理。

第一节　校园足球运动与营养

这里的营养是指人体从外界消化和吸收身体所需的物质，维持足球运动所需的营养，促进从事足球运动的人的体质健康，同时增强其运动能力。对于足球运动员来说，合理的营养是指在进行大运动负荷的训练和比赛时所需要的液体、营养素以及能量物质，也可以指在不同环境、不同身体状态下从事足球运动时所需适当补充的饮料、营养品和多种食物。对于普通健身的人来讲都需要通过合理的饮食获得营养，从而保持或者降低体重以及为必要的运动提供能量，那么从事大强度的足球运动则需要补充更多的食物，尤其是碳水化合物（谷物、蔬菜和水果），这样能够有效提高运动能力、减少运动后的恢复时间，预防因疲劳而导致的运动性损伤。

一、膳食与足球运动

营养素指包括碳水化合物、蛋白质、脂肪、维生素、矿物质、微量元素、膳食纤维和水等在内的维持人体发育和胜利正常功能所必需的物质，这些物质每天通过食物进入人体。杂食是人类通过进化所形成的习性，这一习性有助于人类从多种多样的食物中获得营养素。早在2000年前的《黄帝内经》中就提出“五谷为养、五果为助、五畜为益、五菜为充”的食物分类方法。根据我国的民情风俗，一般将食物分成五组。

（1）谷类。谷类是指小麦、稻米、玉米、小米、大麦、燕麦与黑麦。谷物主要为人类碳水化合物和一部分蛋白质。

（2）蔬菜和水果类。蔬菜为人体提供各类矿物质和微量元素，包括钾、钙、镁和铁，海洋中的植物还提供大量的碘；水果有特别的色、香、味，能提供丰富的维生素 C，跟蔬菜一样其纤维可增加肠道蠕动，有利于人体废物和有害物质的排泄。

（3）鱼、肉、禽、蛋类。鱼类包括淡水鱼和海洋鱼，其中还有带壳的虾、蟹、蚧。淡水鱼大多含有小量的结缔组织和胶原纤维，肉质较嫩，易消化；海洋鱼含有不饱和脂肪，有较高的热量。肉类泛指畜禽类肉，一般指动物的肌肉，肉类往往含有不同程度的脂肪和胶原纤维，能提供给人体各种氨基酸，其中还包括一些矿物质和微量元素，容易被人体的酶所消化而吸收利用，是优质的蛋白质，对人体新陈代谢作用很大。禽类的蛋和肉类一样含有较高的营养价值，由于是禽类的胚胎，含有人体必需的各种营养，是最方便食用的天然食物，适合多种人群。

（4）奶类和豆类。奶类主要指牛乳及其他动物的乳类，包括相应的众多乳制品，如乳酪、酸乳、奶油、黄油和奶粉等。奶类主要给人体提供丰富的优质钙源，处在快速生长发育期的青少年，奶制品对于他们骨骼良好的发育显得尤为重要。豆类包括豌豆、菜豆、扁豆、青豆、大豆和花生等，其中，大豆含蛋白质的比例最高，为 40% 左右，在豆类中为最佳。豆类主要为人类提供植物蛋白和油料。

（5）油脂类。油脂是油和脂肪的统称。在室温下呈液态的叫油，呈固态或半固态的叫脂肪。油脂是人体重要的供能物质，并能在人体内储存起来，成为维持生命活动的备用能源物质。

普通人和足球运动员在膳食的基本组成上并无大的差异，只是在数量和具体营养物质摄入的比例上，特别是能量物质摄取的比例上存在不同。以体重 70 千克为例，足球运动员通常在膳食中增加的谷类用于更多的能量消耗；蔬菜类、水果类及饮料的增加，用于补充更多营养素，满足补充体液和调节人体物质代谢的需要；肉类、奶类等增加，是为了补充在足球运动中流失较多的蛋白质等所需。

二、运动的能量物质及补充

（一）三大运动能量物质

碳水化合物、蛋白质、脂肪被认为是三大能量物质，运动员在足球运动中对这三种能量物质需按一定的比例进行摄取。碳水化合物相对来说是最佳的能量物质，可以促进肌肉的收缩和恢复，三大能量物质的相互调节能够优化神经与肌肉的配合，便于运动员在足球运动中完成各种技术动作，实现战术意图。

1. 碳水化合物

碳水化合物的种类很多，其中单分子结构的葡萄糖，能地进入血液，引起体内胰岛素增高。葡萄糖是肌肉活动的主要燃料，所以，包括足球运动员在内的大负荷运动的参与者尤为对此关注。同样消耗1升氧气，碳水化合物能产生5千卡能量，而脂肪只能产生4.7千卡，此外，有氧糖酵解产生的ATP（三磷腺苷）更多且反应速度更快，即提供能量的效率更高。但碳水化合物在体内不像蛋白质和脂肪那样容易储存，因此，运动员如何在足球运动中补充碳水化合物，便成为一个非常重要的技巧。

2. 脂肪

脂肪在体内是高浓缩的燃料，但由于不是高效的能量物质，过多地摄入对从事足球运动的帮助并不大，而且容易使身体体重超标。所以，足球运动员需适当摄入脂肪，以确保体内充足的能量和营养摄入。脂肪通常在足球运动中贡献30%以上的热量，维生素A、D、E、K也必须借助脂肪才能被吸收，人体自身无法合成的某些必需脂肪酸也需要适时补充。一般认为，长时间进行运动强度低的有氧运动，脂肪燃烧的比例就越大。选择足球运动，进行长时间而间歇性的大强度运动，可以合理地消耗体内的脂肪。

3. 蛋白质

蛋白质进入人体后变成氨基酸，才能合成身体所需的特定蛋白质而被吸收，同时，在人体内的碳水化合物、脂肪不能满足能量供给时，也可以提供能量，生成所需的碳源。

（二）能量物质的补充

1. 能量物质消化吸收的时间

能量物质的补充，一般源于饮食，而饮食的分解和吸收需要有一个健康的消化系统。食物从口中进入，首先到了胃，低脂肪食物会在2个小时内排空，而高脂肪食物会在10小时后排空。水在胃里只停留十几分钟；小肠是消化和吸收胃里被液化食物的场所，历时2小时，与胃清空食物过程同步进行；经小肠消化吸收的残渣，进入大肠再吸收，停留时间一般为18～30个小时，如果没有适量的纤维，停留的时间会更长。足球运动的大强度训练和比赛，须在胃排空的情况下才能进行。

2. 能量物质补充的策略

在食物丰富的前提下，认识运动时的能量物质补充，就像在有充足燃油条件下，讨论使用何种标号燃料好。能量物质的补充可遵循以下策略。

（1）运动前、后要补充足够的能量物质。运动需要消耗大量的能量，因此在运动前要提前补充好能量物质，但不能立即进行剧烈运动。运动后，一些人想通过减少能量物质总摄入来减轻体重，但这种方法是以减去去脂体重为代价来降低体重，会使肌肉重量减少，降低新陈代谢对热量需求，同样也会降低对脂肪的代谢率。选择性地摄入低热量食物，也是不足取的，因为低热量饮食会同时降低其他所需营养物质的摄入，特别容易增加骨密度降低的风险。

（2）能量补充的时机。在足球场上奔跑、拼抢之后，身体的能耗很大，而踢球往往在下午或者傍晚进行，踢完球后就会进餐。晚餐虽然能使人体大量摄入能量物质，从而使足球运动员达到能量平衡状态，但在体重稳定的情况下，身体脂肪含量却会明显提高。为了下午的运动，中午也可能过量进餐，运动完之后很晚再进食，也会导致肌肉重量降低、脂肪重量增加的状况。人体血糖水平往往在饭后随即升高，然后趋于稳定，3 小时后则下降。所以可采用少量多餐的饮食办法，既解决能量物质摄入不足，又能解决能量物质摄入过剩的问题，只要保持血糖水平相对稳定，就会使人体供能系统稳定。

（3）讲究早餐。早餐对人体一天营养摄取的非常重要，在充分重视早餐的饮食品质前提下，根据血糖水平在 3 个小时内会升高或者下降的生理现象，对早餐分两次进餐，第一次按正常早餐时间（上午 8 点前）进餐，第二次则在 10 点左右摄取，至于午餐和晚餐按正常时间执行，这样能较好地避免白天急剧的能量不足和能量过剩，不但能改善运动员营养物质的摄入和优化身体成分，更会提高其精神锐度和运动能力。

（4）液体摄入。足球运动员的长时间、大强度的运动，必然会失去大量的体液，体液不是直接的能量物质，但在运动过程中，几乎所有热消耗都源于汗液蒸发，同时肌肉需要更多的血流量来传送营养物质和清除新陈代谢的副产物。一般人一天大约损耗 0.5 升水，而从事足球运动的运动员，一般每小时损耗约 1 升水，当然，在炎热和干燥的天气里，会达到 2 升。根据水分在人体胃部停留 15 分钟的规律，可采用每 15 分钟饮用 200 毫升左右的液体的策略；对于大运动负荷后流汗较多的情况，建议摄入含钠 6% ~8% 的液体，当然液体可以是白开水、茶水、果汁和碳酸饮料，根据各人的口感、爱好而定。

三、足球运动员的特殊营养

足球、篮球、排球等集体大球项目，要求从事运动的球员有爆发力和耐力，能够大强度的起跳、奔跑、拼抢，同时，运动强度呈间歇性变化，从而形成独特的能量物质利用。足球运动员平时的饮食并无特别，但研究表明，足球运动员的碳水化合物摄取量有待大幅度提高。另外，间歇性的爆发运动较为依赖磷酸肌酸，这意味着必须摄入较多的蛋白质用于合成所需的肌酸。

在足球运动训练和比赛前、中、后食用碳水化合物含量较多的食品对降低运动员的疲劳感有很大帮助。在训练和比赛前3小时，宜进食碳水化合物含量高且易于消化吸收的食物；在运动中应利用机会补充含糖的电解质运动饮料（条件许可每过15分钟补充一次）；运动后适量补充糖类食品，帮助机体补充糖原，尽快消除疲劳，同时在24小时内逐渐补足人体能需的液体和食物，直至体重恢复正常。

第二节　校园足球运动的疲劳和恢复

一、疲劳的定义及产生机制

（一）疲劳的定义

疲劳是指人们连续工作或学习以后效率下降的一种现象，可分为生理疲劳与心理疲劳。本节所讨论的特指运动性疲劳。1982年第五届国际运动生化会议专门提出了一些运动词汇，把劳动、运动、功率、力量、耐力、力竭、疲劳、运动强度的定义做了统一的阐述，其中指出劳动不同于（肌肉）运动，运动疲劳和劳动疲劳有本质区别，运动疲劳特指机体生理过程不断持续，其机能在一特定水平或各器官不能维持预定的运动强度。

（二）疲劳的产生机制

要领悟运动性疲劳的本质，须理解其产生机制，才能有效地在运动中延缓疲劳，及时准确地诊断疲劳和消除疲劳。目前主要有产生部位和引起物质两大机理解释。

（1）疲劳产生部位。由于任何形式的疲劳，都产生在人体某个或某几个部位，所以易产生疲劳的部位就在神经中枢、神经—肌肉接点（运动终板），以及除神经系统和终板之外的各器官系统。

（2）疲劳产生的物质和代谢因素。经过大负荷的运动后，球员机体内能量物质的耗竭、代谢产物的堆积、内环境体液等平衡失调，都会使机体的生理功能不能维持。

以上造成机体疲劳的两个机理，可能单一起作用，也可能综合起作用。

二、疲劳的诊断

（一）主观感觉法

人体运动时的自身体力感觉与工作负荷、心功能、耗氧量、代谢产物堆积等多因素密切相关，所以，运动时自我体力感觉是判断运动性疲劳的重要标准。瑞典生理学家奈尔·鲍格于 1973 年制定了判断疲劳的主观感觉等级表 RPE（表 2-1）❶。鲍格认为，运动时来自肌肉、呼吸和心血管方面的刺激，都会通过传入神经传到大脑皮质从而引起感觉系统的应激反应，大脑皮质里的细胞经过对传入信息的分析，继而对自身的运动能力做出相应调整，即通过传出神经，指挥机体各运动器官的运动强度。研究表明，RPE 与心率相关系数达 0.80～0.90，呈高度相关性。表 2-1 中的等级数乘以 10，即为感觉者的运动负荷心率。

表 2-1　主观体力感觉等级（RPE）

自我感觉	等级
根本不费力	6
	7
极其轻松	8
	9
很轻松	10
	11
轻松	12
	13
稍累	14
	15
累	16
	17
很累	18
极累	19
精疲力竭	20

（二）生理指标评定

脑电图、肌电图、心电图、最大摄氧量、每搏输出量指标测试专业性较强，仪器设备要求高，而肌肉力量、膝跳反应、血压、脉搏（尤其是晨脉）、肺活量等可大众性地普遍采用，是客观定量评定的常用方法。

❶ 周雷，董海宇．足球运动［M］．杭州：浙江大学出版社，2017.

（三）生化指标评定

对运动后人体的血液、尿液和唾液采样中的就血乳酸、血红蛋白、血氨、血清、尿蛋白、尿胆素、唾液 pH 浓度等指标加以测试，进行疲劳程度的评定，一般属于专门性训练的医务监督。

（四）心理学量表评定

心理健康评价通常采用艾森克人格问卷（EPQ）、明尼苏达多维个性量表（MMH）、情感状态特征表（POMS）等，这些心理量表应用于人体长时间紧张、情绪压制等容易引起精神状态疲劳的诊断。

三、消除疲劳的方法

无论对于职业足球运动员还是业余足球运动员，一场比赛下来往往体内的能耗很大，都产生一定的疲劳，为了不使其发展成为过度性疲劳，避免对人健康的损害，并快速恢复运动能力，有必要采用主动的方法和手段来消除疲劳。

（一）营养方法

通过合理的营养来补充因运动而消耗的营养物质，有助于修复体内损伤的组织。对于足球运动员，需要在膳食中多补充碳水化合物、蛋白质、维生素、无机盐含量较高的食物，其中碳水化合物和蛋白质有助于人体能量的恢复，维生素 B_1、维生素 C、磷和钙离子等矿物质有利于快速消除肌肉疲劳。

（二）物理方法

1. 理疗法

通过按摩、光疗、电疗等手段，促进血液循环，加快代谢物质排出。按摩还可以增强神经系统的调节功能，使循环、呼吸等系统的机能得到有效改善，同时能促进人体的新陈代谢，加速乳酸分解，达到加速疲劳消除和恢复体能的目的。

2. 沐浴法

通常以 35～40℃的水温沐浴为热水浴，其中 35～38℃的称为温水浴，1～20℃水温称为冷水浴，热水和冷水对人体交感神经有刺激作用，可起到镇定作用。通常采用温水浴、热水浴方法，使人体的体表血管扩张，增加皮肤的血流量，从而达到加速肌肉代谢产物排出的目的。

（三）中医方法

中医疗法的理念主要是“补益”“理气”，以补肾阳为主的中药能促进下丘脑—

腺垂体—靶腺轴的功能，使之处于较高水平，使人体的代谢也处在高水平，有利于代谢废物的快速排出。中医方法还有按摩、针灸、罐疗以及低频电针刺激等。

（四）休息方法

1. 安静性休息

安静性休息就是睡觉。在睡眠状态下人体器官的运动下降到最低水平，处于放松状态中，能源物质能得到逐步恢复。睡眠状态下的大脑皮质细胞也可以得到充分的休息，防止大脑皮质细胞的机能过度使用。

2. 活动性休息

相对于安静性休息，轻微的活动性休息，能促进人体的血液循环，快速补充营养物质和新鲜氧气以消除代谢产物。研究表明，活动性休息比安静性休息的乳酸消除速度快一倍。

3. 娱乐性休息

通过听音乐、绘画、下棋、游戏等休闲娱乐活动，紧张的中枢神经能够得到放松，并消除疲劳。

（五）身体放松练习方法

采用强度小、时间短的身体放松练习方法，促使大脑皮质的神经细胞产生适度的兴奋，对大脑皮层内疲劳的神经细胞起到了诱导作用，从而抑制疲劳的神经细胞，达到促进恢复的目的。

（六）心理调节方法

欣赏悦耳动听的音乐、自我心理暗示放松、他人心理诱导等方法，可以使人产生积极进取、乐观豁达的愉快情绪，这对体力恢复、消除疲劳会产生积极作用。

第三节　校园足球运动的损伤及预防和处理

一、运动损伤的因素

运动损伤是指运动员在足球运动中发生的各种身体伤害。由于足球运动对抗性强、奔跑速度快，即便是规则允许的合理冲撞，也有相当大的冲力。再者，足球技术动作变化多，急停急起瞬息万变，关节也易发生扭伤，足球运动又是全天候的运动，运动时间长、体能消耗大，心理压力也明显大，因此相对其他运动，损伤情况则更多。我们现在讨论的运动损伤，不同于一般的骨伤科，除了预防和治疗运动过程中发生的骨、关节、肌肉等疾病外，还要研究损伤发生的机理和规律，以改进技术动作和训练方法，同时提高运动技能。犯规动作是致伤的最常见因素；其次是没有很好地遵守训练原则，技术动作粗糙、不规范而导致运动损伤。从这些常见的损伤因素分析，业余足球运动员发病率还高于专业运动员，所以，更应认真对待这些致伤因素，有的放矢地采取相应的预防方法和处理措施。

二、运动损伤的类型

运动损伤可以按发病快慢分为急性和慢性，或按损伤程度分为轻度、中度、重度，也可按照伤的组织结构来分，如肌肉、肌腱、韧带、关节囊、骨骼、周围神经、血管的损伤。但更多的是按致伤原因和损伤的病理改变来分，具体分类如下。

（1）扭伤。关节的被动性活动超越正常的解剖范围，引起关节周围的肌腱、韧带、关节囊、滑膜受到不平衡的牵拉而被撕裂或拉断。如足部内翻或外翻造成踝关节扭伤。这种伤在足球运动中最为常见。

（2）挫伤。身体外表受到钝性物的打击和冲击，使皮下软组织、肌肉、彻带或其他组织受伤，往往伤部皮肤完整无损，临床早期表现为伤部肿胀、局部压痛，之后逐渐出现皮肤青紫，皮下瘀血。在足球场上空中跳起争抢球，或者在与防守队员争抢球与对方队员一瞬间的身体接触时，最容易出现这样的损伤。

（3）拉伤。拉伤是指肌肉、筋膜及肌腱附近的组织因受牵拉性外力所致的组织部分撕裂或者断裂。

（4）骨折和脱位。骨折指骨的连续性或者完整性遇到破坏。脱位指构成关节的骨端对合面的正常解剖结构发生异常变化，一般还伴有关节功能的障碍。

（5）浅部软组织损伤。常见有擦伤、裂伤、割伤等，在足球训练和比赛中经常会碰到这样的损伤，客观上是由于足球场上队员不时地冲撞和铲球，使身体不时地跌倒产生滚翻而导致，此外，技术动作不正规或者动作过大也会有意无意地造成身体的伤害。

三、运动损伤原因及处理

（一）运动损伤的原因

运动损伤因素都可认为是造成运动损伤的潜在威胁。而足球运动的身体直接冲撞、下肢大肌肉群的用力，以及运动本身大负荷超强度的体能消耗这三类原因则成为引起运动损伤的特有原因，这也是足球运动损伤预防和处理的基本依据。

（二）运动损伤的处理

1. 关节扭伤（脱位）的处理

（1）踝关节扭伤。扭伤后应即刻用拇指压迫痛点（韧带损伤处）止血，同时做内翻强迫试验和前抽屉试验，检查是否有韧带断裂，如有条件可用氯乙烷等喷湿的棉花球压迫伤口，以加速止血，同时用软物垫抬高伤肢，并做进一步治疗。现场急救时，切记不能只顾伤口冷却，而不检查伤势，还有就是不顾伤情一律敷上药物包扎，引起皮肤过敏。

轻度扭伤或少部分韧带撕裂，可以用粘膏支持固定，并以弹力绷带包扎，即应敦促伤者做些轻微活动，便于尽快恢复。较重的韧带扭伤、肿胀或肌肉痉挛较多，此时压迫包扎很重要。首先要注意防止进一步的肿胀，如伤及关节囊或关节腔内有较明显积血，应及时关节穿刺，可注射氢化可的松，以消除炎症并保护关节软骨，然后在医生指导下再加压包扎或外敷伤药，3 日左右肿胀消退，应以粘膏带固定，并积极下地进行功能性恢复。如韧带断裂，则为严重扭伤，应与受伤时相反的位置进行包扎，如踝关节内翻损伤，则在外翻位置包扎固定，及早送医院手术治疗，一般在石膏管形固定 2 周后，可进行适当的活动，以加速功能恢复。

（2）膝关节扭伤。膝关节扭伤后，应先进行仔细的检查，以判断受伤的准确部位和受伤的程度，侧向运动试验、抽屉试验、麦氏试验，可基本检查出膝关节内、外侧副韧带，前、后十字韧带及内、外侧半月板的受伤情况。膝关节韧带扭伤以内侧多见，在盘带球、奔跑时突然改变方向，踢球时双方对踢，身体侧向摔倒均可导致膝关节韧带的扭伤。

受伤后，应立即采用冷敷，或用氯乙烷、冷镇痛喷雾剂对局部进行麻醉降温，至皮肤表面有一层薄的雪霜，达到止血、止痛目的，为保护受伤部位不进一步加重，则用松膏带及弹力绷带压迫固定，防止损伤加重或二次损伤。24 小时后可打开绷带，检查伤势，如没有出血，局部可用热疗、外敷药物或按摩等方法治疗，按摩部位和手势轻重程度则视伤情而定。如发生韧带断裂或半月板严重损伤，则应在弹力绷带外面再裹上厚的棉花夹板，并抬高患肢，尽快送医院进行手术治疗。

2. 肌肉挫伤的处理

在足球运动训练和比赛中，由于身体的冲撞和争夺球权，时常会发生被球鞋踢伤或被膝顶伤，引起损伤部位肌肉深部组织的闭合性损伤，常见的部位是大腿前侧的股四头肌、小腿前部的骨膜、小腿后部的三头肌和腓肠肌。挫伤后，以疼痛、肿胀、皮下出血和功能障碍等症状为主。肌肉的挫伤有轻有重，但都应及时处理，因为严重的病例发展到晚期会继发成骨性肌炎。

受伤后应先采取局部冷敷、外敷伤药等，然后适当地进行加压包扎，并抬高患肢，减少出血和肿胀。股四头肌和小腿后群肌挫伤严重时多伴随肌纤维的损伤，组织内出现血肿，出现这种情况应将肢体包扎固定后送医院做进一步诊疗。

头部和躯干在足球场上也会受钝性外力的冲击而损伤，这类情况往往最重要的是先观察患者的呼吸、脉搏，如有休克现象，应立即进行抗休克的处理，让伤员平躺、保温、止痛、止血，并及时送医院做急救治疗。

3. 肌肉拉伤的处理

在足球运动中，大腿和小腿的后群肌拉伤是最为常见的。损伤后会出现局部疼痛、压痛、肿胀、肌肉发僵、痉挛和功能障碍等问题。如果遇到肌肉断裂，伤员会有撕裂感，然后就失去控制相应关节的能力，同时在断裂处能摸到凹陷。凹陷附近还可摸到异常隆起的肌肉断裂端。拉伤时一般也先采用肌肉挫伤、关节扭伤的处理方法，用氯乙烷镇痛喷雾剂进行局部冷敷处理，加压包扎，同时把患肢置于肌肉松弛状态，达到减轻疼痛的效果。对于肌肉或者肌腱断裂者，应在局部加压包扎和固定患肢后，及时送医院进行治疗。至于一般性的拉伤，48 小时后可以用按摩的手法进行理疗，可以达到快速功能性恢复的目的。

4. 关节脱位的处理

足球运动中肩锁关节、肩关节、肘关节以脱位较为常见。关节脱位后，有明显的压痛和肿胀，功能也会丧失，甚至出现畸形。遇到这种情况，应先尽量按原有解剖结构给予关节复位，避免血肿产生关节粘连；如果不能复位，千万不能勉强，以免加重损伤，应立即利用夹板和绷带保持脱位所形成的姿势并固定伤肢，尽快送医院治疗。

肩关节脱位时，取三角巾两条，分别折成宽带。一条悬挂伤肢前臂，另一条绕过伤肢上臂，并在肩侧腋下缚结。肘关节脱位，则用铁丝夹板或合适的树枝，置于肘后（或双侧），并用绷带缠稳固定，再用小悬臂带挂起前臂，或者干脆用大悬臂带直接包扎固定。现场紧急处理后，送医院做进一步医治。

5. 骨折的处理

直接或间接的身体冲撞可导致骨折。肋骨骨折常见于倒地后被另外的队员落压；锁骨与上肢骨骨折常产生于倒地后手臂的过度伸展；下肢的胫骨、腓骨骨折常由正面抢截球碰撞所致。骨折发生时，由于骨骼内有丰富的神经末梢，所以往往在伤口部位会感觉非常疼痛，甚至人会出现休克。如果有骨折断端刺伤或割伤血管、神经等主要组织与器官，发生严重并发症，甚至会危及生命，所以，应及时在现场做好如下的处理。

（1）出现休克和大出血时，应立即给予止血，在伤部的近身端采用止血带并压迫，并采用简单的止休克措施。

（2）尽快固定伤肢，应避免伤肢的移动，以免增加伤员痛苦，更重要的是避免二次伤害，特别是脊柱骨折更会伤及运动神经，所以千万要注意。

(3) 如出现开放性骨折，在止血前提下，用消毒巾或纤布包扎即可，不必做更多的现场处理，以免引起伤口的感染。

(4) 对于伤员的运送，最好采用担架，也可用床板、门板代替，目的是避免伤员的伤口部分出现任何的相对移动，所以，在运送伤员时，最好用绷带把伤员固定在担架上。对于四肢上的骨折，可采用简单的夹板加绷带的固定处理方式。

(5) 注意伤员伤肢的保暖，随时检查伤员的伤肢是否固定，同时也要注意止血部位是否包扎过紧，避免伤肢出现麻木症状，可以通过放松一下再扎实的方法处理。

通过现场的紧急处理后，应尽快将伤员送医院做进一步的治疗。

6. 体表的擦伤和撕裂伤的处理

球员在高空争顶头球，为争球权用肩部合理冲撞，为阻止带球突破采用铲球动作都容易导致体素擦伤。每时每刻共同去争踢同一只球，身体体表的任何部位都可能会因为摩擦、打击而受到损害，虽然一般只是小出血和组织液渗出，但也要及时处理，以避免引起伤口感染，增加不必要的痛苦。一般用生理盐水和自来水（含有次氯酸）冲洗伤口，再用红药水、紫药水、碘酒涂抹伤口。紫药水有吸湿功能；碘酒相对刺激伤口程度低，但需较多次涂抹伤口。伤口一般无须包扎，一周左右即可痊愈，但如果伤口面积较大或撕裂较深，则必须送医院，视情况进行清创和缝合的专门处理，同时口服和注射药物预防感染。

四、运动损伤的预防

通过对足球运动员损伤种类、部位及因素的了解，可以从本质上来理解运动损伤的预防胜于治疗的意义，为此，在平时的运动训练、比赛中有针对性地采取保护措施，便能达到减少运动损伤的目的。

（一）肌肉力量的训练

在肌肉力量弱的情况下，参与足球运动训练和比赛容易引起肌肉损伤，这是从肌肉的绝对力量而言，人体左、右肢肌肉力量分析表明，力量弱的一侧肢体更会使运动技术变形或运动能力降低；从肌肉的相对力量而言，拮抗肌（又称对抗肌）力量要相对平衡，如股四头肌和腘绳肌就是一对，下肢前摆的大力踢球，需要有强大的股四头肌收缩，但如果力量太强，会引起腘绳肌的收缩不对应，也就是不拮抗；从肌肉的协调用力而言，力量弱的肌肉控制系统（即神经控制系统）也往往难以控制身体的随意运动。所以，提高身体全面的肌肉力量，提高肌肉快速的收缩能力和爆发力是足球运动员避免运动损伤最主要的因素。

（二）热身运动和放松运动

热身运动的结果在于提高人体温度，特别是肌肉温度，刺激有关平衡及协调活动的神经反射，舒展运动器官的软组织——肌肉、腱、韧带。增加其弹性，从而增强神经性肌肉组织的功能，同时也为运动员熟悉运动环境和进行进一步的激烈运动做好心理准备。热身运动要有足够的强度来提高即将参与运动动作肌肉群的血液循环能力，如大腿和小腿的前、后群肌（股四头肌、腘绳肌、腓骨长短肌、股骨前肌、腓肠肌）、后背的竖立肌、腹部的腹肌、肩胸部的三角肌等。这些肌肉的温度升高，也有助于队员灵敏性、柔韧性的提高，可以有效地、及时地做出各种保护性动作，避免运动损伤的产生。一般热身运动需 15 分钟以上，方能使人体有明显的体温升高。

放松运动除了能加速消除疲劳外，还有减少运动损伤的功能，因为有效放松能显著提高睡眠效率，确保人体体能恢复，同时在放松过程中消除部分由于激烈足球运动导致的免疫系统不适应状况。

（三）遵守比赛规则

足球运动允许身体接触和合理冲撞，但不是以球为目的的侵人犯规应该杜绝。在主观上应避免做一些危险动作，如抬脚过高、正面冲撞、蹬踏、空中跳向对方等，作为业余选手，不规范、不正确的技术动作，也会导致受伤，如球踢空，脚的触球部位不对等，而且业余选手相对专业选手来说，自我保护的意识和能力也较差，如摔倒时没有做到及时团身等，这些都要在平时认真学习比赛规则的同时，掌握合理的足球运动方法。当然，专业运动员也要做到技术上的精益求精，因为越是合理并完善的技术动作，越不容易受伤，而且也更省体力。

（四）场地、器材及装备检查

仔细检查足球场地和器材，及时消除事故的隐患；足球运动的训练和比赛前，须认真察看足球鞋、护腿板、护膝、服装等是否完好，身上不戴任何挂件和首饰；准备必要的急救设备，如甲烷喷雾器，护膝（腕）及松字套袜，6 厘米宽的绷带和 8 厘米宽的弹性胶带、碘酒等，做到有备无患。

第四节　校园足球运动常见的运动性疾病

足球运动中创伤性疾病的危害往往较大，而运动性疾病容易被忽视。运动性疾病往往在长时间、高强度的足球运动训练和比赛状态下，或者在极端气候条件下出现，一般在业余学生运动员中较少出现。根据足球运动特点及实际情况，也应重视发生率较高的运动性疾病，做好保健和预防工作。

一、肌肉痉挛

（一）症状和机理

肌肉痉挛俗称抽筋，指肌肉发生不自主的收缩反应，是肌肉的一种不自主的强直收缩。足球运动中小腿腓肠肌和大腿后群肌肉发生痉挛最为常见。肌肉痉挛时，局部肌肉坚硬或隆起，疼痛感觉剧烈，痉挛时所涉及的关节暂时屈伸功能受限，痉挛缓解后，局部仍有酸痛不适感。

引起肌肉痉挛机理的实质就是肌肉收缩与放松不能协调交替进行，长时间或高温下的剧烈足球运动，使身体大量出汗，体内电解质平衡紊乱，钠离子和钙离子减少，影响肌肉神经的兴奋传导和收缩；乳酸堆积，促使肌细胞停留在兴奋当中；寒冷刺激和肌肉运动性损伤及局部出血，也会造成肌肉不良的刺激引起肌肉的强直性收缩。

（二）现场处理

（1）牵引痉挛肌肉。一般性的肌肉痉挛只要反方向牵引，便可缓解或消失。当大腿后群肌、小腿腓肠肌痉挛时，尽可能伸直膝关节，用力将踝关节充分背伸，慢慢拉长痉挛的肌肉，切忌用力过猛造成肌肉拉伤。

（2）按摩与针灸。通过擒拿、按摩、揉捏、重力按压穴位以及针灸治疗方法，能有效促进肌肉的血液循环，解除肌肉痉挛，增强肌肉的功能，同时还可以消除肌肉的疲劳和酸痛。

（3）药物疗法。口服含有钠离子、钙离子、镁离子丰富的运动饮料和食物进行矿物质补充；口服维生素 E 和葡萄糖酸钙，使肌细胞兴奋性降低，同时维生素 E 能促进毛细血管和小血管增加血流量。

（4）浅部的冷疗和热好。痉挛后可对对抗肌中过度兴奋的肌肉进行冷却，以降低肌张力、缓解痉挛；中性温度（机体深部的组织温度约 40℃的浅部热疗，可降低运动神经元的兴奋性，从而以局部抑制手段缓解痉挛。但千万不能整体受热，比如进行热水浴，会加重痉挛症状。

二、运动性腹痛

（一）症状和机理

运动性腹痛指在足球运动训练和比赛中因生理或病理原因发生的腹痛症状。较常见的是肝脾瘀血、胃肠痉挛和膈肌痉挛。

在剧烈的足球运动中，骨骼肌的血管会扩张以增加血流量，胃肠道血流量会减少 80%；达到最大吸氧量为 70% 的运动强度时，内脏血流仅为安静时的 30% ~40%，因此造成肠道相对的血量减少，易引起肠道蠕动功能紊乱。还有就是刚一运动时，由于内脏器官还没有提高到应有活动水平，就承担过大的负荷，尤其是心血管系统还未充分动员起来，影响血液流回心脏，会产生肋部胀痛或牵拉痛。此外，呼吸急促、无节奏，都会造成胸膜腔内压上升，使下腔静脉和肝脾静脉腔回流受阻，导致肝脾瘀血肿大而腹痛。

（二）现场处理

在足球运动中出现腹痛时，要先了解腹痛的性质、部位，通过腹痛的部位与当时的运动强度关系，来判断是疾病引起，还是由相关生理原因引起的。原发疾病引起的情况较少，但不能掉以轻心，对于患胃肠或其他内脏器官疾病者，愈合前应避免足球运动。大部分情况还是由于热身运动不充分，或者运动强度过大所引起的，此时，应立刻降低运动强度，调整呼吸和动作节奏，使疼痛缓解直至消除。如果无效可以用手按压疼痛部位，若疼痛反而加重，则应立即请专科医生诊治。

三、运动性中暑

（一）症状和机理

运动性中暑指进行足球运动时产生的热量超过身体散热能力而发生的过热状态。特别在夏季的足球训练和比赛中较易出现，伴随着大量出汗，中枢神经系统出现功能障碍，甚至出现衰竭。

正常人体温度在 36. 5±0. 7℃，人体下丘脑部通过对肌张力、血管张力和汗腺功能的控制对体温稳定需产热和散热之间进行平衡。人体产生热量除体内氧化代谢中的基础热量外，肌肉收缩产生的热量是另一个重要的来源。常温下人体散热方式主要是辐射，其次是传导、对流与蒸发。当外界温度升高并且超过皮肤温度时，人体散热主要依靠出汗以及相应的皮肤和肺泡表面的蒸发。如果肌肉产生的热量超过散发的热量，使体温升高到 40℃ 以上，导致体液过度丧失，引起身体组织、器官功能的损害就会产生一系列热损伤。运动性中暑可分为热射病、日射症、热痉挛和循环衰竭类型。

（二）现场处理

（1）物理降温。立即将患者移至阴凉处，解开衣服，有条件的情况下用凉水擦浴，可在头部、腋窝、腹股沟处放置冰袋，并用电扇吹，以达到迅速散热的目的。

(2) 药物降温。通过静脉补液，对人体滴注氯丙嗪，以调节体温中枢功能、扩张血管、松弛肌肉和降低氧消耗，协助物理降温。

运动性中暑的处理，最主要的是及时降温，消除水、电解质紊乱以及保护心、脑、肝、肾等重要器官。另外对于重症中暑者，其往往有多器官并发症的临床反应，需要引起高度重视，应立即送往医院做进一步的专业医治。

第三章

新时代校园足球文化现状与发展

文化是校园足球的本质属性，而以人（学生）为本是校园足球文化建设的核心。新时代校园足球文化是与校园足球相关的物质文化、精神文化、制度文化和行为文化的总和，是由它们构成的文化统一体。本章从新时代校园足球文化的内涵切入，阐述了新时代校园足球文化的发展现状以及校园足球文化建设的意义和原则，同时进一步论述了新时代校园足球文化体系的构建。

第一节 新时代校园足球文化的内涵

一、新时代背景与特征

党的十九大报告中指出："经过长期努力，中国特色社会主义进入了新时代，这是我国发展新的历史方位。"新时代不仅是一种认识上的高度，更是高质量发展上的一个高度；新时代新高度就是人人有新的精气神，有新的气象，有新的作风，有新的作为。

新时代是高质量发展的时代。党的十九大报告指出："中国特色社会主义进入新时代，我国社会主要矛盾已经转化为人民日益增长的美好生活需要和不平衡不充分的发展之间的矛盾。"面对新时代的新矛盾，如何实现中国经济高质量发展的新使命，考验着中国当下的智慧与勇气。推进经济高质量发展，需要大家统一思想、携手并肩、共同回答新时代的课题，这不仅关系到人民群众的"获得感"，更关系到我国第二大经济体的地位能不能做实、做强。

新时代是人民"获得感"更多的时代。人民的"获得感"既表现在物质生活方面得到满足、享受、安全、幸福，也表现在精神和价值方面有尊重感、认同感、成就感、参与感。清新的空气、洁净的水、安全优质的食品、优美的生态环境，都是人民的期盼；人民还期盼着有更好的教育、更稳定的工作、更满意的收入、更可靠的社会保障、更高水平的医疗卫生服务、更舒适的居住条件、更优美的环境、更丰富的精神文化生活，这叫“一枝一叶总关情。”

二、新时代校园足球概念的界定

校园足球文化是以在校师生为绝对主体进行的，以改善师生身心健康、提高学生足球技能水平、塑造师生精神世界为核心的，以符合足球运动内在规律的活动形式开展的足球文化活动。校园足球文化建设，是培养学生体育兴趣与爱好，形成良好体育锻炼习惯的高效措施，是全面贯彻落实素质教育、推进阳光体育运动、构建良好校园文化的有效手段。

体育文化是关于人类体育运动的物质、制度、精神文化的总和，依据目前对文化最普遍的分类方法“四分法”，结合校园足球特点，提出校园足球文化是校园与足球相关的物质文化、精神文化、制度文化和行为文化的总和。

三、校园足球文化的内涵

（一）文化是校园足球的本质属性

校园足球的本质是文化。因为，足球项目属于体育项目的一种，而体育作为一种教育手段和教育本身均属于“人类社会历史实践中所创造的物质财富和精神财富的总和”（广义文化）的范畴。从这个角度来看，体育和教育均是文化借以实施的手段，是文化的具体化。也就是说，体育（足球）的真正内核是文化。校园足球是体育和教育的结合体，是将体育项目运用于教育实践的产物。因此，文化亦是校园足球的真正内核，是校园足球的本质属性，文化建设是校园足球的核心工作。

（二）以人为本是校园足球文化建设的核心

校园足球活动的实施过程是足球项目的“人化”过程，是足球项目实践影响人、改造人的过程，也是人能动地作用于足球项目发展的过程。对于校园足球而言，“人”更多指的是参与足球活动的广大青少年学生，可以说，学生是校园足球文化建设的核心，校园足球活动的开展要以广大的青少年学生为本。当然，以人为本中的“人”也可包括体育教师、校长、管理者等人群，但从校园足球开展的基本目标——素质教育、足球人才培养角度来看，相对于学生而言，这些人群仍处于“边缘”地位，学生才是所有人群的核心。学生的健康是以人（学生）为本的基本前提。

（三）物质、精神、行为、制度文化构成文化统一体

校园足球文化是由物质文化、精神文化、行为文化和制度文化构成的文化统一体。其中，物质文化作为开展足球活动基本的前提条件，属于基础的范畴；精

神文化更多地倾向于意识形态方面，属于目标（方向）的范畴；制度文化是为规范校园足球活动开展而制定与设立的，属于基本保障条件的范畴；行为文化与规范和约束学生足球活动的行为相关，属于基本规范范畴。从以人（学生）为本的角度来看，行为文化与学生直接相关，因此，本书认为在四类文化中，行为文化处于核心地位。

第二节　新时代校园足球文化建设的意义与原则

新时代校园足球文化的建设应该重视学生精神层次的交流，注重培养学生的时代精神风貌，营造良好的、健康向上的、积极的校园文化氛围。新时代校园足球文化的建设对促进体育基础设施的建设、传统体育文化特色的提升以及校园文化内涵式发展具有重要的影响力。

一、新时代校园足球文化建设的意义

将足球文化融入校园文化有其合理性和必要性。

首先，足球文化是体育文化。校园体育文化以其特有的健身、育人价值成为促进校园文化发展的重要手段，是校园内涵发展中必不可少的潜在力量。

其次，足球文化融入了民族文化。随着足球运动的开展，足球运动风靡世界，成为世界第一的运动，表现在国际上的足球比赛更能体现一个国家的足球实力，进而成为民族运动形式，久而久之成为一种民族力量和政治力量，尤其在现在的中国，亟须重振中国足球的雄风。

再次，足球在现在的中国有一定的群众基础，很大一部分参与群体来自高校学生，高校足球文化的开展为“把我国新一代球员培养成有文化、会踢球、受社会欢迎的高素质人才”提供了精神高地和智力保障。

最后，随着高校足球文化的深入发展和高校竞技体育运动的开展，内部可以提高学生的综合素质，丰富学生业余文化生活，提供其精神食粮。外部能够提高高校在本地区甚至整个国家的知名度，通过赛事赞助商和传媒的宣传来推动和提升高校的知名度在 CUBA 联赛中已可见一斑，学生足球联赛可以效仿。

二、新时代校园足球文化建设的原则

（一）取消功利化

伴随着足球职业化、商业化的发展，球员培养体制、比赛形式、发展模式愈发功利化，似乎一切都与“钱”密切相关。中国足球要想走向世界，必须营造一种去功利化的足球氛围。而校园足球运动的开展更要真真切切地抓好足球的基础工作，从更多的高素质人才中挖掘出真正的足球天才。

（二）融入民族文化性

将足球融入民族文化中来，并从文化中汲取营养，这在国外很多国家都有成功的例子。我国文化源远流长，仅蹴鞠文化就有2000多年的历史，所以高校足球文化的开展中要注重学生意志品质的培养，训练过程中要着力创新，拓展思路，培养学生的想象力和创新能力，足球运动开展中要加强队员自律规范性教育，加强民族文化教育，唯有如此，才能将民族的精神原味持久地输入足球运动中去。

（三）注重团体性

足球运动本身就是一项讲究合作、团队协作的运动。校园足球文化的开展本身就是一种规范性的群体性活动的开展，通过群体性的足球比赛、足球表演、足球文化沙龙、足球娱乐，提高学生的集体团队意识，通过这些具体的活动将团队合作精神渗透到学生足球运动员的思想中去，形成持久的价值观和道德约束，让足球队员在日常的生活学习中相互照顾、学会宽容、懂得容忍，在足球交流中形成思想、态度、情感、价值观念的认同感和信任感，形成良好的团队协作和培养优秀的集体主义精神，从校园足球比赛中培养学生的团队合作，使学生能在复杂多变的比赛环境下冷静踢球，寻找最好的传球时机和助攻配合，这也是足球运动的一种魅力。

（四）讲究持续性

校园足球文化的发展不能急于一时，必须要有一个形成的过程——培养过程，一方面是足球文化的培养；另一方面是高校足球联赛的培养。足球文化的培养包括校园足球体育设施的配备、足球社团的开展、足球文化氛围的形成等，高校足球联赛的培养则是指某个地区或者某高校内部足球联赛开展要具有持久的连续性和现实的可行性。

目前，我们校园足球基础设备的配置相对落后，大多数足球文化活动都带有一定的强制性，同学们参加足球社团的兴趣不高，此外各个地区校际校内之间开展的足球赛事少之又少，在某些学校甚至没有自己的足球队，对于上级要求，地方学校采取遮掩式的应付政策。不管是足球文化的培养还是足球联赛的开展都需要一个持久连续的过程，这本身需要各级各类学校能有良好的自律能力而并非强制性的执行政策。

校园培养持续性的足球文化最为有效的方式就是组织校园足球俱乐部。首先，校园俱乐部属于社团性质，它隶属于学校团委机构，接受学校领导和指导，在一定程度上能得到学校的支持，并得以延续。其次，校园俱乐部应制定俱乐部章程，实行会员自治，交纳一定的会员费用，在一定程度上为足球活动的开展提供一定的经济支持。再次，足球俱乐部的活动是一种群体性的互动，在一定程度上能消除学生因自己参加而不能坚持的思想惰性，有利于足球运动的开展和足球校园文化的传播。最后，足球俱乐部的发展有利于校际的足球交流，在一定程度上有利于足球文化的外延性发展，从而培养更宽泛的足球文化。

第四章

新时代校园足球运动发展与训练

校园足球已经形成了规模性的组织架构和特色发展模式，为提高学生的素质与能力，足球运动的发展与训练应得到重视。本章从校园足球运动员的身体、心理发展特点两个方面入手，进一步论述目前校园足球运动员的训练现状，并对影响提升训练水平的因素进行了详细分析。

第一节　校园足球文化与足球运动的相互关系

一、营造校园足球文化有利于开展校园足球活动

学校在师生中倡导“校园足球文化”，可以通过玩足球、画足球、讲足球、舞足球、赛足球、足球啦啦操等形式多样的活动来宣传足球知识，普及足球活动。

学校可以利用校园广播、校园网、橱窗和新闻媒体广泛宣传校园足球运动的开展情况；同时，邀请家长参与、观看学校足球活动，也可以让更多的家长给予支持，提高学生的运动热情及技能。

二、校园足球能够推动校园足球文化的发展

校园足球是我国在全国大中小学校广泛开展的运动项目，它以学校为依托，采取体教结合的方式，普及足球知识和技能，进行青少年足球人才的培养。每逢有足球联赛时便成了全校师生的节日。场内，是两个足球队员之间的激烈较量；场外，是老师、学生等球迷、啦啦队的助威、喝彩。有时甚至吸引了周边群众前来观战，整个学校沉浸在快乐的海洋之中。校园足球活动让宁静、简陋的校园生机勃勃，充满活力！校园足球比赛在一定程度上丰富了学校的集体生活，给校园增添了一份新的活力。

足球联赛可以促进校际的交流学习，让各学校之间有了相互交流和学习的机

会。这样的联赛，不仅是足球技能的交流，也促进了校园文化的相互学习提高。校园足球联赛开阔了学生的视野，丰富了校园生活。比赛前后，队员们还可以借机参观、了解兄弟学校的校容校貌，感受他校的学习环境和校园氛围。这种联赛对于校园文化建设也起到不小的推动作用。

三、校园足球运动能够展现足球魅力、凸显校园足球文化影响

无论是校队足球队员还是普通师生，参与校园足球活动就能感受到足球的魅力所在，体会到足球带来的快乐。在参与校园足球工作中，足球场上队员们为自己的球门不失奋力抵抗，为每一个进球而全力以赴，在防守中的相互配合，在进攻中的精诚合作，让师生深深感受到足球的魅力。在绿茵场上不分性别，不分年龄，不分级别，只谈足球，只论球技，分享智慧，分享足球带来的快乐。

少年强，则中国强！足球运动能使学生树立顽强的意志品质，勇于克服困难，培养团队合作意识等优良品质。而校园是文化的摇篮，用校园足球文化去教育学生，让学生全面地发展素质教育，让学生用足球精神去感悟生活，感悟学习，让足球运动在校园蓬勃发展，是学校的义务和责任所在。

全国青少年校园足球活动是在中央领导的关心和支持下，由国家体育总局和教育部联合组织开展起来的。衷心感谢各级领导对足球运动的重视和支持，教育工作者一定牢记校园足球的目标和宗旨，为校园足球乃至中国足球的腾飞贡献自己的力量！

第二节 新时代中国校园足球运动员的身体发展与心理特点

一、新时代中国校园足球运动员的身体发展特点

（一）身高、体重发展特点

英国解剖学专家理查德（Richard）绘制的人的生长发育过程图，从其展现的整个图的脉络来看，人体的生长发育曲线其实是有一定规律的，身体各器官各部位的发展状况都有自己的生长发育规律，在整个青少年的成长过程中，其大脑和神经系统的发展主要是在 7 岁以前，儿童在 5～6 岁时其神经系统的发育就已经与成年人相接近；12～13 岁阶段，其神经系统的发展速度开始逐渐降低。

人的生长发育也会受到民族的影响，因为民族不同，自身的身体素质也是不一样的，种族不一样，身体的遗传基因也不一样，这也需要后天的培养来改变天生的身体素质。经过多名研究者专业学者的探讨得出结论，想要改变先天的不良因素，可以通过后天的改进来进行改善，比如吃得好、锻炼得好，都可以在 5 岁之前按照同样的身体发展发育模式进行生长。可见，小于 5 岁的儿童在生长发育的过程中，

遗传因素对其的影响较小。遗传因素影响人的成长主要反映在大于5岁的儿童身上，而且遗传基因的强大力量体现在年龄越大基因对身体状况的影响越大。

通过不同的更多的学者对于我国青少年的身体健康状况的研究和探讨，再经过关于青少年的体重和身高的调查后得出结论，我国大多数青少年的身高和体重的发展速度在2015年前较为缓慢，但从2015年开始，这两方面的发展速度逐渐加快，2015年的调查显示，我国处于青春期的男女的身高和体重分别为1.7米，1.6米左右，120斤以上和100斤以上。

青少年的生长曲线、身高与体重的发展特征及规律都是足球教练在对青少年足球运动员进行训练与培养时需要重点参考的依据，以此为依据开展具体的训练工作，不仅有利于促进青少年足球运动员的健康生长与发育，而且也比较容易取得良好的训练效果。

（二）生理系统的发展特点

1. 呼吸系统发展特点以及足球训练需要重视的事项

足球运动员在青少年时期一般以较快的速率，随着年龄的不断增长，其呼吸深度、肺活量也会随之相应增加。基于我国青少年的呼吸系统的特点，特殊问题特殊对待，我国青少年的训练受限于我国呼吸系统的特性，在进行运动训练时需要对以下两方面加以注意。

（1）对有氧代谢能力的发展，青少年要给予高度的重视，在训练过程中，不可过长时间地进行持续训练，也要尽量避免大强度的训练。随着年龄的不断增长和呼吸肌的逐渐壮大，对无氧代谢能力的发展也要重视起来。

（2）青少年在足球训练中，要注意动作与呼吸的配合，教练员要对此加以科学的指导，不断提醒青少年足球运动员要尽量完全通过鼻子来进行呼吸，摒弃利用嘴巴呼吸的传统，这样才能科学合理地做到动作与呼吸的完美配合。

2. 运动神经的发展特点以及足球训练需要重视的事项

青少年在生长发育过程中，其各个生理系统不可能同时以相同的速度发展，总会有先后和快慢之差。在其生理系统中，神经系统不仅是最早发育的，而且也是最快发展的。

例如，青少年在初步形成条件反射能力时稳固性较差，而到6岁左右时稳固性良好，这时，其动作技术的形成能力也会因此而增强。但是，青少年总体的神经活动过程缺乏稳定性，其抑制过程占据重要地位，且在皮质中以较快的速度扩散，这样青少年在进行足球训练的过程中，就很容易表现出一些多余动作。

在8岁以后，青少年的皮质细胞分化能力就达到了成人水平。到了13～14岁的时候，这个时候皮质分化能力已经形成了完整的自我调节体制，此时的青少年的分析处理能力已经上升到了更高的阶段，对于各种条件反射的速度都越来越快。到了 14～16 岁，青少年的分化能力较之前会有很大程度的增强，而且随着年龄的增长，分化能力也会随之增强。

由于我国青少年神经系统发展的过程中有一定的优缺点，所以针对这两方面，在对青少年足球运动员进行训练的时候，需要对以下两方面加以注意。

（1）在对足球训练课做计划的时候，怎么安排课程是一种学问，要避免乏味枯燥，需要有趣生动，才能有利于吸引到运动员的兴趣，才能提高上课质量。与此同时，也需要受训练的运动员对自己的休闲时间进行安排，确保情绪的饱满和精力的旺盛，这样才能全身心地投入到足球训练的过程中，才不至于在短时间内产生疲劳感。

（2）在青少年足球教学中，足球教师要注重对直观教学法的采用，具体如示范、图表、模型等教学手段。足球教师在对足球教学内容进行语言讲解时，注意考虑青少年的理解能力，避免采用过于专业且艰深晦涩的语言，通俗生动的语言比较容易被青少年理解。针对教学中的重点内容，教师可以用口诀的方式来对其进行陈述与讲解，这样便于学生对重点内容的熟记与掌握。直观教学方法的运用对于年纪较小的学生会产生十分重要的影响，而且教学效果通常也比较好。随着青少年足球运动员年龄的不断增长，其抽象思维能力也会有所提高，这时就可以采用一些专业术语来进行相关内容的讲解，使其对足球教学训练内容的理解与掌握不断深入，并更加理性地参与到足球运动的学习与训练中。

3. 循环系统发展特点以及足球训练需要重视的事项

（1）与成年人相比，青少年的血量与体重之比稍高。青少年时期是足球运动员身体生长发育的重要阶段，为了能够健康地成长，青少年需要对多种丰富营养素加以补充，对运动员来讲，维生素、蛋白质、铁等各类物质营养的补充，都是不可或缺的，营养需要全面均衡。

（2）和成年人相比，青少年的心脏容积较小，心脏重量较轻，但是相对值要大于成年人。心脏的容积会跟着年龄的变化而产生变化，年龄增大的同时，心脏容积也相应增大，青春期的时候就达到了成人的心脏容积量，与此同时，心脏的重量也会随年龄的增加而加重，到青春期几乎等同于成人的心脏重量。如果青少年的身高以较快的速度增长，且身体发育良好，那么其在青春发育期之后心脏发育的速度要快于身体发育缓慢的同龄人。但不管是身体发育良好的青少年，还是发育较慢且发育不完善的青少年，他们在血管发育方面没有明显的差异，速度都比较慢，血压升高的现象不单发生在中老年人，也蔓延到了青少年领域，通常来讲，到了人类十一二岁的时候，就会产生血压升高的现象，同时，血压也会因为年龄的变化逐渐增高，并于 15～16 岁出现血压升高的高峰期，到了 17 岁以后，高峰期过去，血压升高的现象就降下来，血压升高的现象发生的速度也慢慢降低。

除了分析青少年的呼吸系统以外，青少年的其他各项循环系统的发展都具备相应的特性，根据这些特性，在对青少年足球运动员的训练过程中需要对以下两方面加以注意。

（1）教练员必须清楚地认识到，对于青少年而言，他们只能承担有限的运动量，因此在对其进行足球训练的过程中，必须科学安排与青少年身体条件与运动基础相符的运动量和训练负荷，避免使其参与大运动量和强负荷的训练，否则会引发心肌过劳现象。

（2）对青少年足球运动员的训练和培养要根据青少年自身的身体素质来制定特殊有效的训练安排，慢慢渗透，遵循特殊问题特殊对待的原则。

（三）身体素质的发展特点

哈特曼（著名训练学专家）用15年的时间对德国的上千名赛艇运动员进行了连续有效的跟踪研究，得出以下结果，运动员的能力水平在不同的年龄阶段有不同的表现，若以18岁作为界限，22岁是运动能力最强的时候，之后会随着年龄的增长，运动能力慢慢下降。22岁之后，包括奥运冠军在内，所有运动员的运动能力都是在0.3%～0.5%之间呈波浪式发展。[1]

前文提到的发展变化在青少年足球运动员的身体素质发展中同样能够得到体现。青少年各项身体素质的发展达到最高水平或者近似最高水平就是在22岁左右。因此，在青少年时期，足球运动员特别要重视加强身体素质的训练，教练员要科学制订体能训练计划，有效指导运动员的身体素质训练，促进其体质的不断加强和足球竞技能力的不断提高。

下面重点对青少年足球运动员的力量素质、速度素质、灵敏素质以及耐力素质进行分析与研究。

1. 力量素质

对青少年足球运动员力量素质的测试，主要选用两个指标，即绝对力量和最大力量。青少年女子足球运动员力量素质的发展与性成熟年龄有着非常密切的关系；男子足球运动员力量素质的发展与其性成熟年龄关系密切。无论是对青少年男子足球运动员的力量素质进行测试，还是对女子足球运动员的力量素质进行测试，一般都会采用测试握力这一方法，对这一测试方法的运用，有利于对青少年足球运动员的身体素质和力量大小的情况进行深度了解。

在各类关于力量和速度的比赛当中，爆发力是决定比赛结果的关键因素。爆发力就是指在最短时间内用最快的速度消除阻力的一种能力。在对运动员的这种爆发能力进行衡量时，可采用立定跳远这一测试方法。青少年男女足球运动员上

[1] 刘丹，赵刚．青少年足球训练纲要与教法指导［M］．北京：人民体育出版社，2011.

下肢力量的发展有一定的不同，对其上下肢力量素质进行测试主要采用投掷实心球的测试方法。在对 12 岁组和 17 岁组的男女实心球运动员的投掷力量进行了测试之后，得出关于男女投掷力量的结论，即 12 岁组的女运动员的力量相当于男运动员力量的6/10，17 岁组女子测试成绩相当于男子的 3/10。这一数据表明，青少年男女足球运动员的力量发展不均衡，存在明显的差异，因此教练员要有针对性地对其进行训练，不可“一刀切”。

2. 速度素质

所谓的速度素质，就是在一定时间内用最快的速度完成目标的能力。速度素质共计分为三种类型，位移的速度、动作快慢的速度和运动员的反应速度。

青少年足球运动员的速度素质会直接影响其在比赛中的成绩，但是这一关键要素并没有引起教练员与运动员的注意，因此教练员很少或几乎不安排足球一般速度素质与专项速度素质的训练，甚至会用耐力训练替代速度训练的内容。

其实速度素质与耐力素质之间具有密切的联系，所以在对青少年足球运动员的速度素质进行训练时，要与耐力素质的训练结合起来。但是，很多运动员与教练员都没有意识到这一点，只是二选其一。因此有些青少年足球运动员即使具有良好的耐力素质，在速度上却不如别人，而有些即使速度较快，但耐力却很差。

3. 灵敏素质

灵敏素质指的是对活动的方向进行应急反应的特殊能力。在做应急反应时，前提是要控制好运动员身体的平衡能力。只有平衡好自己的身体，才能够确保力量的适度与速度。青少年足球运动员灵敏素质的改善可通过提高足球技术能力、掌控节奏、提高移动速度等方法来实现。

人们普遍认为，灵敏素质是固定不变的，这是错误的认识。灵敏素质可以不断提高和改善，具体可通过专项训练来获取良好的灵敏素质。青少年足球运动员如果能够有意识地锻炼自己的反应速度，就可以增进运动员的肌肉工作效率，而且还可以有效避免运动员在运动过程中的损伤状况。

在经过专业训练以后，肌肉工作效率可以长时间地维持下去，而且不需要不停地训练来维持。这个特点是独一无二的，可以很好地区别开来。这就是灵敏素质的特点。灵敏素质包括对运动项目的相互平衡、互相协调、随机反应这三个要素，这三个要素又包括速度快慢、力量大小、运动时间点和运动节奏等小因素。这就说明，灵敏素质可以将速度、力量和忍耐力等众多小因素全部体现出来，灵敏素质是个大方面，是由这些小方面共同体现出来的。

（1）协调能力。运动员在压力的迫使下，通过自己的运动能力来成功完成运动项目的全部内容的运动能力，就是运动员的协调能力。拥有良好协调能力的运动员往往可以按照动作的时序将动作合理完成，这符合运动生物力学原理。先分解练习后完整练习是对运动员协调能力进行训练的主要方法。

据研究，青少年足球运动员协调性运动觉的形成，主要在6~12岁阶段，也就是小学时期。在这一时间段内，青少年足球运动员的综合反应能力、平衡能力主要受到其协调性运动觉发展的决定性影响。

（2）应急反应素质。在运动员进行训练之前，运动员对于训练的进行方式和运动的各项需要都不了解，在这种未知情况下做出来的随机反应就是随机性灵敏。教练员对足球运动员的这一素质进行训练时，是在运动员的听力和视力方面进行相应的刺激，在这种刺激下运动员做出相关反应，灵敏性素质的一大特点就是随机性的，想要更好地训练运动员的应急反应，就要在训练过程中多多加强随机事件，让运动员更好地在随机性质方面得到发展。

（3）程序性灵敏素质。所谓程序性灵敏素质，就是运动员对于训练的模式顺序步骤都已经完全掌握，而且已经通过训练培养出来训练技巧，在压力或者掌握训练过程的情况下，运动员表现出来的应急反应就是程序性灵敏素质。[1] 在青少年足球运动员这一素质的训练中，运动员大多不具备主动性。在对运动员进行训练的过程中，如果运动员掌握了训练技巧，并且适应了训练模式，运动员对于训练就形成了固定模式，不会更积极更主动地去接受训练，这个时候就需要对训练的次数和训练的强度进行更深层次的训练。与此同时，在训练过程中加入对运动员身体平衡性和灵敏性以及爆发性的锻炼，以此来达到更加稳定全面的运动训练。

4. 耐力素质

（1）无氧耐力的发展。人的身体能够在长时间没有进行无氧代谢的情况下维持肌肉活动的能力就是所谓的无氧耐力，也称“无氧能力”。运动员在参与较大强度的运动时，糖无氧酵解供能是体内能量的获取方式。人体的不同肌纤维和糖无氧酵解功能的能力大小以及人体脑细胞对血液 pH 变化所能承受的能力大小都是不一样的，包括人体缓冲乳酸的能力也是有差异的，除了这些原因会对人体的无氧耐力有影响，人的年龄与性别等共同决定了无氧耐力发展的程度。

运动员的年龄和性别不同，运动员的无氧供能能力也是不同的。通常，青少年女子足球运动员在8~14岁阶段的无氧供能能力只有2/10的增加值，而男子则有5/10的增加值，青少年男女足球运动员无氧供能能力的差距最为显著的时期在11~12岁。此外，青少年足球运动员无氧供能能力的发展进入平台期的时间也有性别差异，一般男子在17岁，女子在15岁。

无氧供能能力适用于运动员在不断重复的跑跳能力和间接性重复表现爆发力的时候，这两种状况下，运动员需要无氧供能能力给他们提供一定的保障作用。而在这种能力保护下的运动恰好是体现运动员的专项体能特征的重要指标。通常

[1] 刘丹，赵刚．青少年足球训练纲要与教法指导［M］．北京：人民体育出版社，2011.

情况下，儿童时期就可以得到反复跳跃能力和间歇性反复跑的能力，这主要就是受无氧供能系统自然生长的影响。运动员获得专项体能素质之后如果忽视了耐力训练，就难以促进这些能力的巩固与提高。

（2）有氧耐力的发展。人体在长时间内进行以有氧代谢（脂肪和糖等有氧氧化）供能为主的运动能力就是所谓的有氧耐力。

最大摄氧量与有氧耐力密切相关。人体在从事有大量肌肉群参加的长时间剧烈的运动中，当心肺功能和肌肉利用氧的能力与本人极限水平持平时，单位时间内（每分钟）所能摄取的氧量就是所谓的最大摄氧量，即 VO_{2max}。❶ 机体对氧的吸入、传送和运动技能特性可以利用 VO_{2max} 进行完整体现。在对运动员的有氧工作能力进行考评确定的时候，通常情况下会以此作为一个重要指标。

二、新时代中国校园足球运动员的心理发展特点

（一）不同时段的心理发展特点

1. 儿童时段

儿童时期是小学的学生年龄段，在小学校园里面，学习了该阶段应掌握的知识，其在读、写、算等方面就有了一定的判断和处理能力。这个时候的孩子已经具备自己的思想，并且对于社会环境也有相应的了解和认知，正因为这样，认识得越多，自信感也就越强。因此，足球运动员在这一时期不同心理因素的发展就会表现出如下两个方面的特点。

一方面，是对社会事物的认知感。

（1）感觉和知觉的发展。处于小学阶段的儿童时期，儿童的思维发展通过感觉和知觉来体现，这两个方面的具体发展特点分析如下。

1）儿童在感觉方面的发展。通过在学校里对书本知识的学习和掌握，儿童在语言表达、逻辑能力方面都有相应程度的发展，对于视觉和听觉方面都有了相当大程度的发展。

2）儿童在知觉方面的发展。在小学课程里，除了书本知识，还有课外活动，这两方面的共同教育能够提升儿童对方向、距离、体积、形状等方面的认知能力。

（2）儿童注意力的发展。儿童的注意力是儿童生长发育必经阶段，儿童注意力的发展主要体现在以下几个方面：

第一，注意持续时间不断增加。注意是否稳定，主要通过对一个事物或事件的关注时间长短来表现，儿童的年龄大小和对事物的注意力的实践次数等因素都

---

❶ 封飞虎，凌波．运动生理学［M］．武汉：华中科技大学出版社，2014.

会对注意力的时间产生影响。通常，儿童在 7 岁时注意力集中时间可维持 10～15 分钟，10～12 岁时，达到半小时以上。

第二，这个时期，儿童不单单只关注一个事物，还会同时关注多个事物，这就说明了儿童的注意力能力得到了提升。

第三，儿童可以有目的，从对一个对象的注意转移到另一个对象的注意上面。也就是说儿童的转移注意力的能力得到提升。

第四，儿童在同一时间内知觉到的对象越来越多，即儿童对不同的事物不同的活动都有注意力，注意力的范围很广泛。

（3）儿童记忆力的发展。儿童的记忆力越强，认知能力发展得越快，随着年龄的不断增长，认识的事物越来越多，接触的东西也越来越多，儿童的经验也越来越丰富，这个时候儿童会形成不同类型的记忆，有的是硬性记忆，有的是理性记忆，有的是回忆，不同的记忆会对儿童的认知产生不同的影响。

另一方面，是学习能力的发展变化。

对于儿童的学习能力的分析，可以通过儿童自身的学习态度和学习的主观愿望两个方面来仔细研究。

（1）儿童自身对于学习的态度。这里所说的态度，就是对于一件事物或事件采取的观点并为之想要进行的活动，这个态度的构成因素有三个，包括知识层面、感情状况和主观愿望。这三个因素构成了个体的内部框架；同时，态度还具有调和外部环境和内心反应的作用。[1]

儿童的学习态度有两个突出特征，从以下两点可以看出来：

1）儿童对老师的看法和表现。刚开始进入学校的孩子，既陌生又害怕，所以对唯一可以信赖的老师言听计从。所以在刚开始的阶段，学生对老师的态度是一味地服从，这个时期学生的学习态度深受老师的影响，都是在老师的主导下完成学习任务。但是随着孩子的长大，对事物的认知也逐渐成熟，对事物的看法也有了自己的见解，这个时候他们不再完全听命于老师，每个学生对不同教师都有自己的喜好，而受到学生欢迎和认可的老师，都是以和学生平等的身份、朋友的身份来进行教育，并且是教学认真、公平不偏向、讲课生动有趣的老师。由此可以看出，师生之间的关系会影响对儿童学习态度的培养，儿童尊敬并信任教师，就容易端正自己的学习态度。

2）儿童对球队的态度。在学龄阶段，儿童初步建立了同伴群体意识，这一时期如果积极培养儿童的集体观念、集体意识，能够产生良好的效果。参加球队的集体活动，可以锻炼球员的社交能力、自主自立能力、团结合作能力，更有利于儿童建立正确价值观，并通过自身的行为给自己提供安全感；同时也有利于儿

[1] 刘丹，赵刚．青少年足球训练纲要与教法指导［M］．北京：人民体育出版社，2011.

童对自己本身的正确认知。然而，要使学生获得这些素质，提高相应的能力，就需要对平等的团队环境进行营造。因此，优化团队环境是教师或教练需要重视的一个问题。

（2）儿童学习的动机。所谓学习动机，就是学生为了学习，通过学习来达到学习的成果的潜在动力。儿童的学习动机受到两个因素的影响，这两个因素就是学生的家庭背景和教育程度。学习动机是多方面的、复杂的。学习兴趣这一个影响学习动机的因素是最关键的，有了学习兴趣，才有学习动力，才会主动想要学习；有了兴趣，才可以推动儿童自发性地投入并进行深入探索。

通过以上论述得出结论，教师对运动员进行教育和培训的时候，需要对以下两个要点加以注意。

第一，教师要对儿童的认知发展高度关注，在对运动员进行训练培养的过程中，除了理论的讲解，还要采取理论与实践相结合的方法来更好地对运动员进行培训。在训练过程中，教学内容要多样化、生动多趣化，并且因人而异，根据其自身发展特点进行相对应、相匹配的培育和训练，这样才能更好地教育不同的运动员。

第二，教师要完全掌握儿童的学习动机，这样才能根据学生的特点来进行因材施教。想要育人就要先育己，教师要以身作则，为人师表，才能教育和培训出来更好的学生。与此同时，教练员在开展训练的过程中，要注意对良好训练氛围的营造，对待学生要一视同仁，不可只重视对足球天赋好、基础好的学生的训练，而忽视对其他学生的培养。

2. 青春期时段

一方面，是青春期的认知发展。

青春期阶段的青少年，随着认知的不断扩大，懂得的知识越来越多，行为能力不断得到提升，社交能力也不断加强。这个阶段的青少年认知能力的发展进步飞速，认知能力主要体现在三个方面，即观察、思维和记忆。

（1）观察方面的发展变化。在青春期之前，儿童的观察能力没有主观思想，层次浅薄，不能准确清晰地对观察对象进行有效观察；而处于青春期阶段的青少年，在事物的观察能力上有了进一步的提高。这个阶段的青少年，对事物的观察有自己的见解，有观察的目的，并且会自动观察，观察的结果有效准确，同时观察的时间也会相应变长。

（2）青春期青少年在思维上的发展变化。青春期之前的儿童的思维都是被长期积累的经验来进行引领主导，通过实践经验的积累，加上儿童的自身感觉来形成自己的逻辑思想。青少年的思维能力就更具有逻辑性，更具有理论依据，并且这个思维逻辑能力也具有相应的抽象性，正是因为这种抽象性，才更需要理论来进行指导引领。

（3）青春期青少年的记忆能力的发展变化。处于青春期的青少年的记忆能力具有以下两个发展特点：

首先，青少年主要是通过意义识记的方式来进行记忆管理。

其次，青少年的记忆受控于有意记忆，青春期的记忆是产生记忆的最佳阶段。

另一方面，是社会关系的发展能力。

（1）青少年自主思想的变化发展。青少年自我意识的发展来源于三个方面，即自主实践、自我掌控和自我评价。

1）青少年进行自主实践。人体的自卑感受、自尊心理强弱程度和自身的成人感受是青春期的青少年自我体验发展的三个表现方面，这三方面的表现具体如下：

青少年的自卑感受，这个时期的青少年对自身采取的不认同、不肯定、不重视的态度就是所谓的自卑感。这种自卑感是伴随相互攀比产生的，虚荣心导致自卑感。

青少年的自尊感受，这里所指的自尊不但体现在个体的自尊感，还体现在与社会评价的关系上面。也就是说，青少年不单单自己尊重自己，以自己为中心，还希望别人也尊重自己，希望得到他人和社会的尊重和重视。

青少年的成人感受，这就表现在想要被长辈或教师以平等的身份来对待自己，希望得到别人对自己已经长大成人的认可，更加希望自主独立，希望有自己的决定权，更加想要自己的独立空间。

2）青少年的自控力。青少年在进行自我控制的时候，不单单由外部条件进行控制，也进行了自我自身的控制，这种对自己从心理上进行的控制可以将自控力变为主动的自我掌控。这也说明了自我控制的发展的主要表现方式就是从心理上进行自我掌控。从外部控制转变到心理控制的过程中，青少年可以独立自主地通过社会的期望、融入社会的标准和融入社会的条件及社会对人类的要求来作判断，并区分现实的自我和理想中的自我，通过这种自控力，渐渐缩短现实和理想中的自我控制的差距。

3）青少年对自身的评价。青春期阶段的青少年对于自身的评价水平已经远远超过了儿童时期的自我评价水平。表现在三个方面：

首先，青少年会进行自主自发行为的评价自我。

其次，青少年不单纯使用单一的方法来进行自我评价，还会在自我评价的同时，对他人进行评价。

最后，评价角度多方面多层次，评价的部位和方位也更加多样化，对自己的更多地方进行评价。

（2）青少年在社交方面的能力发展。青少年在社会交往方面的发展，主要体现在以下三个方面：

1）青少年和家长的交往关系。青少年时期是自主自立意识最强的时候，这个时期的青少年希望自己有自己的空间、自己的主见、自己的决定性、希望不再受控于家长，但是又不能完全脱离父母的管教。

2）青少年和同学之间的交往关系。青少年在和同学交往的过程中，要有正面力量、积极向上的态度、和平友好的环境，但是因为个体的性格思想不同，交往过程往往不是这么顺利和平，在和同学的交往关系中，团结友好是很重要的。

3）青少年和老师的交往关系。这个时候的孩子处于青春叛逆期，他们不希望受到老师的强硬管理和管教，会对老师的言行指导有抵触行为。

以上论述表明，在对学生进行管教的时候，无论是老师还是教练，都需要在训练过程中。重视以下两点：

第一，教师要重视青少年认知发展的特点，通过青少年认知发展特点来对青少年进行有目的、有计划的培训。青春期的青少年已经形成了有意记忆，可以对老师讲解的理论方面的相关术语相关专业知识进行有意记忆，再通过足球运动的实践指导，更有利于青少年对所学知识的强效吸收。

第二，教师要对青少年心理发展的特点加以准确把握。青春期是青少年的心理转折期，因此，在对青少年进行足球教学与训练时，老师要与学生多沟通，了解学生的真实想法，学生遇到困难要帮助解决，尊重学生的建议，以平等的身份来交流沟通。激励他们为取得良好的成绩而奋斗，通过组织一些活动来提高学生的参与意识及成就感，同时使青少年在活动中增强自尊心与自信心。

（二）新时代中国校园足球运动员的心理问题以及解决方法

1. 孤独心理

青春期的少年往往觉得自己的想法不被认同，得不到正视，也就自然感到缺少知心人，没有心里上相契合的知己朋友，这个时候就会感到很孤单，觉得别人不了解自己，不理解自己，随即而来的状况就是关闭内心真实想法，产生孤独心理状态。要想解决这种心理孤独的问题，需要从以下几个方面入手。

（1）学会宽容待人。朋友之间要宽容，不要步步相逼，不能过度严厉。宽松的状态、容纳的心理，才能结交更多的朋友，大家都喜欢平易近人的朋友，都喜欢宽松和谐的朋友关系。只有这样才能广结多方好友，朋友之间才能轻松自如的沟通、交流，多多交谈、了解，才能使孤独心理逐渐减轻。

（2）学会对人真诚。朋友间的关系都是相互的，你真心待我，我才能真心待你，真心是相互的，与人交往过程中真诚才能换来真诚的朋友。

（3）具备正面向上对他人的感染力。自身具备正面向上的力量，才会使朋友之间的交往氛围也积极活泼，用自己的热情感染别人，用自己的激情激励别人，对他人进行感染推进，这样才能促进人际关系的发展。

2. 自卑心理

一般来讲，由于别人对自己的评价过低，不赞同不支持自己的想法和行为，以及自己的学习成绩过低，没有达到自己的预期，才让青少年自身产生了自卑心理，想要克服这种自卑，可以从以下几个方面来着手。

（1）找到根源，因人而异。青少年要掌握自己成绩下降的原因，克服这个困难，让成绩上升，就可以减少或者消除自卑心理。如果是因为成绩不好导致自卑，就要看看是自己的学习能力不高还是受外在环境影响导致成绩不好。如果因为学习能力有限，可以想其他办法解决；如果因为自己不够认真刻苦，就加倍努力，如果因为目标太高、能力有限，就降低目标，一点点接近目标。总之自卑的源头有很多种，要根据不同的原因采取不同的解决办法。首先要勇于面对失败，最后分析解决失败，战胜失败。也就是说，青少年在面对一些无法改变的现实时，要欣然接受，同时自觉进行自我反思，改正自己的缺点。

（2）做自己力所能及的事。对于自己能够做到的事情，去做去实现，就比较容易，对于自己做不到的事情，强行去做，就不容易完成，达到目标很困难。失败会导致自卑，成功会带来自信，只有做力所能及的事情，才能摆脱自卑心理。

（3）放大优点增强自信。人无完人，每个人都有缺点和优点，如果单纯因为自身的缺点就对自己全面否定，而忽视自己的其他优点，很容易让自己产生自卑感。只有善于发现自己的特点，利用自己的特点去完成既定目标，才更加容易成功，才更能让自己产生自信，脱离自卑。

（4）学会平等的对比。人和人是不同的，人们所处的生活环境、社会关系和教育程度都是不一样的，如果不在同一个层次进行比较，就会产生不公平的对比结果，只有和自己同样的身份地位等相近条件下进行的对比，才能具有公平公正的比较结果，这样的对比结果才能够清晰准确地认识到自己的能力大小和清楚地认识到他人对自己的评价如何。

3. 嫉妒心理

嫉妒是一种很不好的心理情绪，它可以衍生出来很多其他的负面情绪和行为，比如生气、怨恨。嫉妒心理来源于和他人的比较，如果比较的结果显示自身的各方面或者某些方面比不上作对比的对象，嫉妒心理就会产生。这种心理衍生出来的一个最负面的行为就是发泄行为，如果嫉妒心理很强烈，产生的发泄行为就会很强烈，如果不制止这种心理的恶性发展，就会产生打人或伤人甚至害人的破坏行为，只有对这种负面情绪加以制止，才能避免发生破坏性行为。对嫉妒心理的制止可以采取以下的方法。

（1）深刻认识嫉妒的危害。只有了解嫉妒心理产生的破坏行为，才会理解嫉妒造成的负面影响有多大，知己知彼百战百胜，知道了后果的严重性，就会自发地采取措施去制止或者去矫正这种心理状态。

（2）正确自我认知。人无完人，同样的环境下的人，发生的变化都是不一样的，任何人都是不一样的，要正确看待这种不同，正确对待这种人与人之间的差异，要正确客观地看待自己的优缺点，同时从他人身上来取长补短，进行自身能力的改善和改进。不要因为自己的缺点而自卑，也不要因为他人的优点而自卑，应正确进行自我认知。

（3）善于沟通。如果青少年长期缺乏与他人的情感沟通，就容易将自己封闭起来，郁郁寡欢，产生自私心理，胡思乱想，最后形成嫉妒心理。所以，不可以将自己圈起来、封闭起来，要大胆地走出自己的小小空间，多和他人接触，多接触新事物，与更多的人和事接触，开阔自己的视野，打开自己的心扉，广纳多方好友，多接受他人意见，才能将自己的心胸拓宽，心胸宽广，才能更好地提高自身素质。

（4）避免小心眼。青少年心胸的宽窄度，是受多方影响导致的，比如教育程度、心态好坏、价值观的不同等因素都会对青少年的心胸宽窄产生影响。这就需要青少年自我掌控自私心理，自我宽慰自己，然后正确看待问题，开导自己，说服自己，脱离嫉妒心理，这样才能避免徒增烦恼。

第五章

新时代校园足球运动训练实践

足球运动是目前全球体育界最具影响力的单项体育运动，因此了解足球运动训练的相关技战术至关重要。本章在对新时代校园足球运动的技术以及战术训练详细分析的基础上，进一步论述了新时代校园足球运动员的群体凝聚力培养，主要包括人际沟通能力研究、成就动机研究和领导方式研究等几个方面的内容。

第一节　新时代校园足球运动的技术、战术及训练

一、足球运动的基本技术

足球运动技术是运动员在足球比赛中为完成战术意图而用身体的合理部位处理球的动作方法，以及合理及时调整身体姿势及运动状态的无球动作的总称。

在构成足球运动的技术、战术、身体素质、心智能力和规则裁判（包括场地器材）五大要素中，技术是其中最核心的要素。没有技术，其他要素就失去了存在的意义，可以说没有技术也就没有足球运动。现代足球运动在全攻全守的方向上不断发展，攻守保持平衡是现代足球的重要特点，因而也对技术提出了更多、更新的要求。

足球技术复杂多样，按照不同的分类依据可以分为以下几种。

（一）踢球技术

踢球技术是运动员有目的地用脚的某一部位将球击向预定目标的技术动作。

1. 踢球技术动作概述

踢球的动作很多，要领和方法也不相同。然而它们均由助跑、支撑脚站位、踢球腿摆动、脚触球、踢球的随前动作等 5 个环节组成完整过程。在 5 个环节中，又以支撑脚站位、踢球腿摆动、脚触球 3 个环节为决定踢出球的性质、力

量、准确性的关键环节。

（1）助跑。助跑是踢球前的几步跑动。在踢球过程中，它是第一个环节，其目的是调整人与球之间的相对位置并使踢球者自身获得一定的前移速度。

各种踢球技术的动作结构虽然一样，但其技术细节不同，对运动员来说，球可能从各个方向飞来，如果已经决定采取某一种方法踢球，就应尽量争取按其动作规格要求进行。也就是说，必须调整人和球的相对位置，使之便于在支撑时按照所选用的踢球动作进行。另外，由于助跑使身体获得一定的前移速度，“腿”在蹬地和腾空中就可以获得相应的速度，为后面的环节做好准备，因为踢球腿的后摆与助跑时腿腾空的技术相似，有利于完成整个踢球技术动作。

（2）支撑脚站位。支撑脚站位的作用就是要使踢球腿在整个的摆动过程中有一个理想的、牢固的支撑点，这样才能使踢球腿摆动的效果充分发挥出来。支撑脚与球的相对位置对于不同的踢球动作有着不同的要求，而同一种踢球动作对不同运动员也稍有差异。

根据人体结构的特点，一脚支撑，另一脚摆动踢球最为理想。然而，支撑又是对助跑中运动身体的一种制动，使运动速度有所损失，为了尽量减小制动，支撑腿膝关节要微屈。

（3）踢球腿的摆动。为了使足球获得可能获得的最大动量，踢球脚应在踢球前获得尽可能大的速度，并作用在足球上，因为腿的摆动是踢球力量来源的主要因素。它的一部分过程与支撑脚站位这一环节有所重叠，即在支撑脚站位的同时踢球腿的后摆已在进行；当踢球腿后摆至一定程度时（可能的最大值时），以大腿带动小腿由后向前摆动；当踢球腿膝关节摆至接近球的正上方时，小腿绕膝关节做爆发式的加速摆动，从而使踢球脚以最快的速度击球。

为了使击球部位的速度有较大的增加，可以增大摆幅或增加摆速。但增大摆幅是有限的，过分地增加摆幅会造成不协调而使技术动作变形，而加快踢球腿的摆速。除了完善技术动作外，可以发展增大肌肉力量来增加摆速。

（4）脚触（击）球。脚触球是决定出球性质及准确性的主要环节，同时对球所能获得的动力有较大的影响。脚触球技术包括脚的部位和球的部位两个方面。同时不论使用何种动作击球，在触球瞬间踝关节都必须呈现功能性的紧张以保证将球踢向预定的目标。

如果上一环节是决定施力大小和方向这两个要素的话，那么本环节就是决定作用点这一要素的关键所在。通过这一环节就决定了被击出球的性质（旋转与否）和形式（地滚、低平、半高、高球等），并在很大程度上决定了被踢出球的准确性。它综合体现了前几个环节的作用。

对于踢定位球来说，击球点与施力方向的连线通过球的重心时，则击出的球将沿施力方向飞行（若此连线与地面平行，则击出的球为低平球；若此连线与地面成一定角度，例如小于成90°，则击出的球将沿一抛物线轨迹飞行）；若击球点与施力方向的连线不通过球的重心，则踢出的球为旋转球，其飞行轨迹将偏离不旋转球的飞行轨迹，俗称“香蕉球”。

（5）踢球的随前动作。当“脚触球”环节结束时，脚与球已脱离，身体的任何动作对球都不能产生影响，而随前动作的目的在于保证前4个环节的正常进行。如果球被踢出后踢球腿立即停止前摆或收回，那么在脚触球之前前摆的诸对抗肌势必就得提前工作，这样前摆速度势必受到影响。所以，从这个角度讲，踢球的随前动作是不可略去的环节。

2. 踢球技术的主要动作方法及要领

踢球的方法有很多种，这里只叙述脚内侧踢球、脚背正面踢球、脚背内侧踢球、脚尖及脚跟踢球等几种主要的踢球动作方法及要领。

（1）脚内侧踢球。脚内侧踢球是用脚内侧部位（第一跖趾关节、舟骨、跟骨内侧等所形成的平面）击球的一种方法，是在足球比赛中使用最多的一种方法，多用于中近距离的传球和射门。

脚内侧踢定位球，首先是直线助跑，支撑之前最后一步助跑应大些，支撑脚站在球侧面12～15厘米处，脚尖正对出球方向，支撑腿膝关节微屈，支撑脚落地时大腿要带动小腿由后向前摆，此时踢球腿屈膝外展，使踢球脚与支撑脚成垂直状，脚尖微上翘，脚底与地面平行，踝关节做功能性紧张固定脚型。当膝关节摆至接近球的正上方时，小腿加速前摆。在用脚内侧部位击球的后中部的同时，髋关节向前送出（平移），身体也随之前移。

在做以上动作时，重点应注意支撑脚脚尖要正对出球方向，触球瞬间踢球腿摆动方向应与出球方向相同，且脚内侧部位正对出球方向（踢球脚与支撑脚垂直），踢球时应注意踢球腿小腿不可上撩，身体亦不可向后仰。

脚内侧踢空中球（低于胸部的高度）时，运动员应根据来球的运行轨迹、速度，及时移动到合适的踢球位置。踢球腿大腿抬（屈）起并外展，小腿屈并绕额状轴后摆，并接着由后向前摆动，当摆至额状面时击球的后中部（被击出的球为平直球）。击球时应控制小腿的摆动，不要使小腿有上撩的动作。以击球的不同部位来控制出球的方向。

（2）脚背正面踢球。脚背正面踢球是用第一跖骨体的内侧和第二、三、四跖骨体的上面所形成的面（位于脚面）去击球的一种方法。由于脚背正面踢球时腿的摆幅较大，加之与球的接触面较大，因而踢球力量大，其出球的方向及性质变化较小，故准确性较高。在比赛中，经常使用脚背正面踢定位球、地滚球、空中球、反弹球及倒钩球等。踢出球的性质多为不旋转的直线球，但可以用来踢抽击性的前旋球。

（3）脚背内侧踢球。脚背内侧踢球是使用第一跖趾关节及跖骨体去触（击）

球的一种踢球方法。这种踢球法脚的摆幅较大，多用于中远距离的传球或射门。

脚背内侧踢定位球时，一般采取斜线助跑，其方向与出球方向约成45°角，最后一步稍大，以支撑脚脚底外沿成滚动式积极着地，脚尖指向出球方向，并踏在球的内侧后方20～25厘米处，膝关节微屈，在支撑脚落地的同时踢球腿以大腿带动小腿由后向前摆动。当大腿摆至与支撑腿接近同一平面时，小腿做爆发式摆动，踢球脚脚尖外转，脚跖屈（脚背绷直），以脚背内侧部位触（击）球的后部（以出球方向为准），踢球腿及身体随球前移。

选择的击球部位不同，如击球的后中部或中下部，则踢出的球会出现高、中、低不同的效果；若要踢成弧线球，则应使作用力线不通过球的重心，触球时脚形也要略做改变，以增加脚与球的摩擦，使球旋转。

（4）脚背外侧踢球。脚背外侧踢球是用第三、四、五跖骨体触（击）球的一种踢球方法。其动作结构与其他踢球方法相同，技术上除第四环节外，均与足背正面踢球相同。

脚背外侧踢定位球，直线助跑，支撑前最后一步稍大，支撑脚站在球的侧面10～12厘米处，踢球腿在支撑前已基本完成后摆（大腿伸小腿屈），在支撑脚着地的同时，踢球腿大腿带动小腿由后向前摆动。当膝关节摆至接近球正上方时，小腿做爆发式前摆（大腿的摆动继续）。此时要求踢球脚脚尖内转、脚内翻、脚背跖屈（绷直）并提踵，脚趾用力屈曲，使脚背外侧部位击球的后中部（出球为低平球）。若需踢成弧线球时，施力的作用线应不通过球的重心，并视其所需的弧线大小决定其接触部位、摆动方向，但脚形应有利于增加旋转，即加大接触面、增大摩擦力和加大旋转力矩。

由于用脚背外侧踢球时脚腕的灵活性较大，摆腿方向变化较多，并且在助跑时又不会破坏正常的跑动姿势，故其出球的隐蔽性较强。在现代足球比赛中，各种距离的弧线球及非弧线球都使用这种踢球方法。

脚背外侧踢地滚球、反弹球、半高球、倒钩球、凌空倒钩球等，方法与脚背正面踢球基本相同。在倒钩球及凌空倒钩球中，出球方向不是正后方而是侧后方，可以参照学习。

（5）脚尖踢球。脚尖踢球包括脚尖踢球和脚尖捅球两种方法。实际上是利用足球鞋尖的帮底黏合处较硬的部位击球，击球力量主要靠拇指传递。

脚尖踢球的技术动作与其他踢球技术相同，但踢球腿的摆动是以小腿爆发式摆动为主（大腿基本无后摆），脚触球时间短，要求脚尖稍翘起，踝关节做功能性紧张固定脚形。

由于脚尖踢球主要依靠小腿爆发式的摆动获得力量和速度，所以出球速度快，往往出人意料，尤其是在雨地比赛中使用脚尖射门能收到奇效。脚尖捅球能够发挥踢球腿的最大长度，可以用来踢那些距离身体较远、用正常动作无法踢到的球。脚跟踢球有两种不同的方法，一种是同侧的脚跟踢球；另一种是异侧脚跟踢球，即踢球脚后摆时在支撑脚前面交叉，摆到支撑脚外侧用脚跟击（触）球。由于人体结构的特点，这种踢球方法产生的力量小，但由于其出球的方向向后，因此具有隐蔽性、突然性，有一定的实用价值。

以上5种踢球动作是比赛中常用的踢球技术，其中以脚内侧、脚背正面、脚背内侧、脚背外侧等踢球动作用得最多。这些动作可以用来踢定位球、地滚球、空中球、反弹球等，不仅能踢出不旋转的球，也可以踢出各种不同性质的旋转球。由于各种踢球动作在结构上的特点及限制，不同的踢球方法只适合于踢某种旋转球。例如，脚背正面踢球适合于抽击出前旋球和搓击出近距离的回旋球，不适于踢侧旋球；而脚背内侧和脚背外侧踢球更适合于踢出侧旋球或侧前旋球，其中脚背内侧也可以踢出回旋球。对上述各种踢球动作不仅要熟练地掌握其动作要领和规格，而且应深刻理解其动作结构的理论依据，这样才能正确地运用各种踢球技术。

（二）运球技术

运球方法很多，每一种运球方法都是由跑动和推拨球两个动作组成。这两个动作过程又由支撑脚踏地后蹬、运球脚前摆触球和运球脚踏地支撑三个紧密衔接的环节组成。

1. 支撑脚踏地后蹬

支撑脚踏地后蹬一是可以推动人体重心前移；二是可以支撑身体平衡，使运球脚能离地、提起，完成推拨球动作。支撑脚应尽量缩短支撑时间，积极后蹬前摆，能加快运球速度。

2. 运球脚前摆触球

运球脚前摆触球一是可以给球作用力，使球产生位移；二是可以不断调节触球力量、部位、方向和触球时间，协调其与跑动速度的关系。应做到球动人跟紧，人能控制好运球路线，使球始终能控制在脚下以便随时改变方向或推进速度。

3. 运球脚踏地支撑

运球脚踏地支撑一是可以使运球脚在完成推拨动作后，立即踏地保持身体平衡；二是可以使运球脚由踏地支撑转换到后蹬，也可使人的身体产生位移。

在运球过程中，支撑脚踏地后蹬是决定跑动速度的主要环节，运球脚前摆触球是控制球运行的关键。后蹬要随着摆腿的方向转动，并与髋关节、踝关节协调用力带动身体重心随之移动。

运球技术包括：脚内侧运球、脚背正面运球、脚背外侧运球、脚背内侧运球和脚底运球。在这五种运球方法中，外脚背运球可作直线和曲线运球；正脚背运球技术多用于直线运球与快速推进；脚内侧运球多在变向和掩护运球时采用。

（1）脚内侧运球。脚内侧运球时，支撑脚领先于球，踏在球的侧前方，膝关节稍弯曲，上体前倾向里转；肩部指向运球方向，重心放在支撑脚上；运球脚提起屈膝，用脚内侧部位推球的后中部，使球前进；然后运球脚着地。在改变方向运球时，用两只脚交替拨球。

特点是：易控球，但推进速度较慢，适用于掩护性运球。

（2）脚背正面运球。脚背正面运球时，身体保持正常跑动姿势，上体稍前倾，两臂自然摆动，步幅不宜过大；运球脚提起，膝关节稍屈，髋关节前送，脚背绷紧，提踵脚尖下指，在着地前用脚背正面部位触球后中部推拨前进。

特点是：直线推拨，速度快；但路线单一，推进时前方需有较大的纵深距离。

（3）脚背外侧运球。脚背外侧运球时，身体保持正常跑动姿势，上体稍前倾，两臂自然摆动，步幅不宜过大；支撑脚保持在球的侧后方，运球脚提起，膝关节稍屈，髋关节前送，脚跟提起，脚尖稍向内旋，使脚背外侧正对运球方向；在运球脚落地前，用脚背外侧推拨球。向前侧推拨球的后中部。

特点是：灵活性、可变性强，速度快，可做直线、弧线和向外变向运球，易于控制运球方向和发挥运球速度，并便于对球进行保护。

（4）脚背内侧运球。脚背内侧运球时，身体稍侧转并自然放松，两臂协调摆动，步幅要小些，上体稍前倾；运球腿提起外展，膝关节微屈外旋，提踵脚尖旋，使脚背内侧正对运球方向，在运球脚落地前用脚背内侧推拨球，使球随身体前进。

特点是：控球稳，但运球速度较慢，适用于向支撑脚一侧的转动变向运球和掩护性运球。

（5）拉球。拉球时，将前脚掌放在球的上部或侧上部，支撑脚在球的侧后方；触球脚向后下方用力将球拉回。向回拉球一般都是在躲开或逗引对方出脚抢球的瞬间将球拉回，再迅速将球推送出去，并越过防守者。拉球时也可接触球的上部，将球向左右两侧拉。

特点是：容易诱骗对方，使对方抢球落空。

（三）抢截球技术

抢截球技术是指防守队员对持球的进攻队员所运用的一切防守技巧。一般来说，抢球技术可以分为断、堵、抢、铲、争顶五大类，各自都具有不同的技术特征，适合运用于不同的场合，这些防守技术构成全队防守的基础。对攻方持球队员的时间、空间严格控制，能有效地遏制攻方的进攻行动，争得全队防守的成功。

无论是抢、堵、断、铲、争顶等任何一种抢球技巧，在具体的运用中都会不同程度地涉及以下三种要素。

首先，接近。接近是指防守队员跑向持球队员的一段距离。接近的速度要尽可能地快，但快中要稍有控制，稍有余地。

其次，角度。角度是指以球和守方球门中点连接的直线为基准的迎上盯抢的方向。一般来说，“接近”的角度同球与本方球门的中点连接是一致的。

最后，防守队员与持球进攻队员之间的距离，取决于是阻止射门、传球，还是运球。如果是封堵射门和传球，其距离应比防堵运球更贴近对手。从兼顾各种情况而言，最好与对手保持约1.5米的距离，这样既可封阻对手向前的活动，又可限制他的活动空间，达到紧逼盯人的目的。

抢截球技术主要分正面抢截、侧面抢截、铲球及断球。

正面抢截：防守队员面向对手，将脚的里侧对准球的中部，用力将球“堵住”。弯曲双膝，以便平衡身体，聚集力量，然后以一脚支撑地面，另一脚将球向前推，突破对方的阻挡。

侧面抢截：阻截队员像正面阻截那样迎着对方的脚下将球截住。因为是从一个角度进行阻截的，他不能将身体位于球的后面，因而他的阻截脚必须承受对方的冲击。

铲球：铲球常用在危急时刻，其目的并不是得到球，而是将球铲离对方队员的脚下。铲球队员从侧面逼近，在靠近对手处将脚铲出，在身体倒地时，用力将球踢离对方脚下。铲球在湿滑的场地上最容易奏效。

1. 正面抢截技术

这种抢截方法是在对方队员迎面带球时采用。

当运球队员的球刚刚离脚时，抢球人突然上前，以抢球脚内侧对正球，膝关节弯曲，身体重心由后脚移到前脚，上体前倾。如双方的脚同时触球时，抢球人的脚触球后要顺势提拉，使球从对方的脚背滚过，身体向前跟进，把球控制在自己脚前。

2. 侧面抢截技术

抢球队员与对方运球队员并肩跑动或双方争抢迎面来球时，常采用侧面抢截方法。

当与对方队员并肩跑动时，先使身体重心降低，手臂紧贴身体。在对方队员靠近自己的脚离地时，立即用肩部冲撞对方肩部（做合理的冲撞动作），使对方队员身体失去平衡，把球抢过来。

准确地掌握好抢截时机是成败的关键，防守队员抢截过早，容易被进攻队员将球轻弹，从他伸出的脚上飞过。

3. 铲球技术

铲球技术运用最多的情况是在对手已突破防线，防守队员无法回到正面抢球位置时。最关键的因素是适时，随便倒地会延误下一行动，并使本方即刻失去一名有用的队员。因此，应首先尽可能接近控球队员，重心置于支撑脚上，看准时机抢球腿下滑，以脚底、脚背或脚内侧把球铲掉。

4. 断球技术

断球技术是抢球技术中最积极、最主动的方法，但也是难度最大的抢球手段，它要求防守队员具备丰富的经验、敏锐的观察和预判能力。

（1）断球的顺序。预测传球—判断传球的时机和球速—选择断球点—选择断球时的触球部位—出击断球。

（2）传球断球。是防守队员判断对方传球的速度，确信他能在球到达对方队员时将球阻截，沿最短路线快速穿插到球前进的路线上。拦截对方控制地滚球的最佳方法是使用脚的内侧断球。

（3）干扰。虽然防守队员无法断掉这个球，但他可以在对手后面追击，并伸脚破坏对方的带球，即使他不能成功，他也可以干扰进攻队员，让其无法准确地传球。

（4）争抢。当对方带球前进时，阻截是允许的。在进攻球员准备接一个来球时，防守队员应努力不让其有时间得到来球。当球接近时，防守队员可插到近旁，即使他不能阻截并得到此球，他的争抢也将延误对手的时间，阻止其自由运动。

（5）头球解围。在防守时运用头球，其距离经常比准确性重要，因为球员的目的是要将球顶出，使球远离自己的球门，并在可能时将球传给自己的队员，此处是一个大力头球的例子。头球解围时，同伴的互相提醒和默契配合是非常重要的。

（四）假动作技术

假动作技术是为了隐蔽自己动作的意图，运用各种动作假象迷惑和调动对方，使其产生错误的判断，失去身体的平衡，从而取得时间、位置、距离等有利条件，更好地实现自己的真实意图。在现代足球比赛中，单一的技术动作很容易被对方识破，特别是在强强对抗的情况下，较难摆脱对手，因此，假动作更有着重要的作用。假动作已渗透到各项技术和临场比赛的应用之中，就连跑位、抢截、接应也包含着假动作技术。假动作可分为有球假动作和无球假动作。

1. 有球假动作

（1）传球假动作。队员正要传球，若对方迎面跑来抢球，可先做假踢动作，诱使对方堵截传球路线，然后改变传球方向。若向前假传球，可将球让过急速转身控制球。

（2）停球假动作。在对方紧逼下停球时，可先假装向左方停球，在对方身体重心跟随移动时突然改变停球方向。在停球时，若对方要来抢截，可先做假踢球动作，诱使对方停下来，突然改为停球。

（3）头顶球改为停球的假动作。在停高球时，可先做假顶球的动作，再突然改为胸部停球。

（4）停球改为头顶球的假动作。面对来球假装做胸部停球，诱使对方逼近抢球，突然改用头顶球传球。

（5）过人假动作。当背靠对方停球时，可先向左侧做虚晃动作，诱使对方身体重心向左移动，然后用右脚外脚背将球向右轻拨，转身过人。运球至对方面前，将速度减慢，对方若上来抢夺，可用脚底将球后拉，紧接着用脚内侧或脚外侧推球突破对手。对方在侧面抢球时，运球队员应先快速运球前进，诱使对方追赶。这时运球队员可根据对方的位置，考虑是继续推球前行还是突然降低速度或以假动作停球（脚在球上面晃动）。若对方贴近运球队员，运球队员为摆脱对方可放慢速度，然后突然加快速度甩掉对方。

2. 无球假动作

（1）改变速度的假动作。为了摆脱对方的紧逼，在跑向空当接球时，可先慢跑诱使对方放慢跑动速度，然后突然起动快跑摆脱对方。

（2）改变方向的假动作。为了跑到空当接球，可用声东击西的跑位战术摆脱对方的紧逼。如先向右侧跑，当对方也向右紧随时，突然向左侧快跑摆脱对方（最好在对方接近自己的一瞬间改变方向）。

（3）抢截假动作。当对方运球时，抢球队员可先向右做身体的虚晃动作，诱使对方向左侧运球，然后突然逼近对方进行抢截球。

（五）守门员技术

守门员技术包括准备姿势、移动、接球、扑球、拳击球、托球、掷球和踢球技术。

1. 准备姿势

守门员的准备姿势是很重要的。它是守门员进行各种动作前的合理站立姿势，以为迅速而准确地完成各种扑、接球和移动做好身体准备。动作要领：两脚左右开立与肩同宽，两膝自然弯曲并稍内扣，两脚跟稍抬起，身体重心放在前脚掌上，上体含胸前倾，两眼注视来球，两臂弯曲，五指自然分开，掌心向下置于体前。

一般在对方控制球已推进到本方半场时，守门员就要开始做动作了。特别是对方已进攻到本方罚球区附近时，要时刻注视和判断进攻的发展方向，并根据球路的变化不断调整自己的位置，做好正确的准备姿势。当球被本方队员抢断，并向前场推进时守门员可放松并可适当地向前移动，但两眼要始终注视球。

2. 移动技术

移动技术是为了更好地堵截和接获对方的射门与传球，要根据对方传球或射门前球和人的位置变化而相应调整自己的位置。调整位置一般是通过脚步移动来完成的。

向前移动时，保持准备姿势，步幅要小，重心要低，为接低球与跃起接球做好准备。

向后移动时，重心略高，步幅稍大，前脚掌向后蹬地，要注意保持身体平衡。

向左右侧移动包括侧滑步和交叉步两种情况。

向左（右）侧滑步时，先用右（左）脚用力蹬地，左（右）脚稍离地面并向左（右）滑步。右（左）脚在左（右）脚落地的同时快速沿地面滑动跟上。两眼始终要注视球。

在接两侧高球或扑接球时，为便于蹬地跃起，多采用交叉步。向左（右）侧做时，身体先向左（右）侧倾斜，同时右（左）脚用力蹬地，并快速向左（右）前方跨出一步成交叉步，然后左（右）脚向左（右）侧移动，右（左）脚和左（右）脚依次快速移动，并蹬地跃起。

在比赛中，守门员在接离自己较远的地滚球或低平球，或冲出准备接空中球时，采用向前移动的步法；守门员外出、背对球门，对方吊门时，采用向后移动的步法，准备跃起将球托出；守门员接离身体不远的左（右）来球时，可采用侧滑步；守门员接侧面速度比较急的空中来球时，采用交叉步，使身体向侧面来球方向跃起。

3. 接球技术

接球时，守门员需要根据不同的来球而采用不同的手法将球接住并抱牢，它是守门员技术中最主要的技术。接球包括接地滚球、平直球和高球。

（1）接地滚球。面向球，两脚开立单膝跪地，膝部和另一只脚的脚后跟相靠。双手手指分开向下，小指相靠近，接球的后底部。在手触球的一刹那，双手后引，屈肘（内靠），屈腕，两臂靠近将球抱于胸前。

如果来球是低球，可以直接弯下腰，两脚稍微分开，两腿伸直，保持身体在球的后面，接球方法同上。

在比赛中，守门员接来球力量较小的地滚球或低平球时可采用直腿式，接来球力量较大或小角度射门时，可采用跪撑式。

（2）接平直球。平直球一般指来球的高度在胸部上下。

1）接齐胸高的平直球。身体正对来球，两臂屈肘前伸，两手拇指相靠，掌心对球。当手触球时，手腕和手指适当用力挡住并接稳球，同时屈臂后引，反掌将球抱于胸前。

2）接低于胸部的平直球。身体伸直迎向来球，两臂下垂屈肘迎球，两手小指相靠，掌心对球。为了使身体在被球撞击时不致失去平衡，在接来球时身体应稍后收。接球方法同接地滚球一样。

接平直球易犯错误：

①接球时手法不对，双手掌心相对或向下，容易造成接球脱手。

②接齐胸球时，手指、手腕未用力，当来球力量大时，球直接撞到胸部造成脱手。

③接球后，抱球时两肘未靠近，接住又漏掉。

在比赛中，接平直球时一般有两种情况：一种是正对球门的平直球，守门员不需要移动就可接球；另一种是边路传来的平直球，守门员要判断准确，果断外出用原地或跳起接球的方法把球截断。

（3）接高球。

1）原地接高球。判断来球，确定落点，移动到位，两臂微屈，上伸迎球，拇指相对，掌心对球。接球手指、手腕适当用力将球挡住、接稳，然后屈肘翻腕将球抱牢。

2）跳起接高球。判断来球，确定高点，迅速前跑，重心落在起跳脚上。屈膝蹬地，两臂上摆，上伸迎球，拇指相靠，手心对球。接球手指、手腕适当用力将球接住，然后屈肘、翻腕，回缩下引将球抱于胸前。落地屈膝，重心前移。

接高球易犯错误：

①接球后未顺势屈肘、翻腕，造成球脱手。

②手触球时，双手距离过大或手指、手腕未用力，造成漏接。

③助跑起跳接高球时，判断不准，起跳过早或过晚而接不到球。

在比赛中，守门员接高球多用于断截对手的长传吊中球或边路传中球与角球吊中。

4. 扑球技术

当对方将球射向守门员身体两侧时，守门员在原地或侧向移动已不可能接到球，必须运用倒地扑接球的方法。

（1）原地倒地扑侧面球。倒地时脚先着地，然后依次是小腿、大腿、臀部、上体和手臂外侧着地。

原地倒地扑侧面球易犯错误：

1）倒地时未按身体着地顺序倒地，而是像平板式倒地，容易摔伤。

2）倒地时身体未伸展开，扑球后未立即收腹屈膝，球容易脱手。

在比赛中，在对手用小角度近距离射门或快速的低平球射门时，应原地倒地扑球。

（2）跃起扑侧面低球。同侧脚用力蹬地跃起，身体展开，两臂伸出接球，落地时，两手按球，前臂、肩、上体侧面和下肢侧面依次着地，屈膝团身，将球抱于胸前。

跃起扑侧面低球易犯错误：

1）判断不准确，跃起太高，球从守门员腋下穿过入网。

2）手持球后，手指和手腕未用力，容易造成脱手。

3）手持球后未将球抱于胸前，或未屈膝团身保护球，造成脱手。

比赛中，如果对方向球门柱附近或利用底线扣中传来低平直球，这种球速度快，力量大，一般传射的距离也比较近，守门员应用跃起扑接的方法接球。

（3）跃起扑侧面空中球。同侧脚用力蹬地，向侧上方跃起，身体展开伸出挡接球。落地时，两手按球，前臂、肩、上体侧面和下肢依次着地，同时屈肘、翻掌屈膝团身将球抱于胸前。

跃起扑侧面空中球易犯错误：

1）蹬地脚爆发力不够，身体未能腾空。

2）身体腾空后，未能展开，双臂未能伸向来球。

3）接球落地时，手指、手腕用力不够，造成脱手。

比赛中，守门员应对对方射向球门柱两端的空中球或断截对方边路传中的空中球时，应跃起扑球。

（4）扑脚下球。果断前冲，缩小角度，降低重心。在射门队员触球前的一刹那或触球同时，突然扑向对方脚下。身体侧倒，尽可能封住角度，断球后立即屈膝团身保护身体和球。

扑脚下球易犯错误：

1）判断不准、出击不果断，容易被对手骗过。

2）扑脚下球时，未利用身体封堵，容易受伤与脱手。

3）扑到球后，未立即屈膝团身做自我保护。

比赛中，在对手已突破后卫防线直逼球门时，守门员应果断外出，迅速接近对手。这样一方面可以缩小射门角度，同时也给对手以心理上的威胁。

5. 拳击球技术

守门员没有把握接球或有对手争抢时：守门员为了避免接球脱手，经常采用拳击球的方法，将球击出。

（1）单拳击球。两眼注视来球，判断移动到位，当球飞行至身体前上方时，快速冲拳击球。

单拳击球易犯错误：

1）击球时不是用屈臂冲拳击球，而是用抡臂挥拳击球，击球无力。

2）跳起过早或过晚都不能发挥击球的最大力量。

比赛中，在对方采用长传冲吊、边路传中或利用发角球高吊传中时，如门前混乱，双方都在跳起争顶，守门员应采用跳起单拳击球的方法。

(2) 双拳击球。判断来球，移动到位，两臂屈肘握拳于胸前。当跳至接近最高点时，双拳同时快速冲击球。

双拳击球易犯错误：

1) 击球前两臂过早伸直，击球无力。

2) 动作速度慢，没有发挥出前冲力量。

比赛中，当对方利用力量较大稍高于头部的平直球向门前冲吊，本方后卫又背对来球，不能判断球的情况时，守门员应果断出击，运用双拳击球的方法将球击出。

6. 托球技术

在比赛中对方有弧度较大的高球吊向球门，来球旋转很快，其落点又在球门横梁附近，守门员跳起接球把握不大时，多采用托球，将球托过横梁。

(1) 跳起托球。判断来球，屈膝下蹲，用力跳起，身体展至背呈弓形，手臂伸向来球底部，掌心向上，手指用力将球稍向后上方托起，使球越过球门横梁。

跳起托球易犯错误：

1) 对来球弧度、速度判断不准，造成球擦手而过。

2) 起跳时间没有掌握好，未能在最高点托击球。

比赛中，对速度快、旋转急、没有把握接住的来球或在球门横梁上勉强可以触到的球，应跳起将球托过球门横梁。

(2) 向后鱼跃托球。判断好来球，后退跑中跃起，身体展至背呈弓形，仰体，手臂向后伸出，掌心向上，用手掌指根部将球向后上方托起。托球后转体侧身屈体落地。

比赛中，守门员站位靠前或正在向外出击时，如果有弧度较大的高球吊向球门，守门员已来不及退回门前接球，就需要快速后退，运用向后鱼跃托球，将球托出场外。

(3) 向侧跃起托球。向侧跃起托球动作与跃起扑侧面空中球动作相同，只是用靠近球一侧的手臂用力伸直将球托出，另一手臂屈肘在体前。

向侧跃起托球易犯错误：

1) 蹬地力量不够，身体未能展开，够不到球。

2) 托球时手臂未伸直，手触球时手指未用力。

比赛中，当对方将球射向球门的左、右上角，守门员跃起扑球很难接到球时，应运用向侧跃起托球的方法。

7. 掷球技术

掷球技术是在比赛中守门员接到球后为了争取时间组织快速反击，用手将球传给同队队员的技术动作。

（1）单手肩上掷球。两脚前后开立，单手持球于肩上，身体侧转，利用后脚蹬地、转体、挥臂、甩腕的力量将球掷出。

单手肩上掷球易犯错误：

1）没有充分利用蹬地、转体、收腹动作，出球无力。

2）球出手时没有甩腕动作，出手速度不快。

比赛中，需要将球准确、快速地掷给在中场的队员，而又便于队员接球时，可运用单手肩上掷球。

（2）单手低手掷球。两脚前后开立，单手体侧持球后摆，重心后移，利用后脚蹬地、转体、挥臂、拨指的力量向前掷出地滚球。

单手低手掷球易犯错误：

1）掷球时，身体重心未降低，掷出的球在地面反弹，队员不好接球。

2）掷球手未前送，出球不准。

多运用于比赛中掷给在罚球区附近的后卫。

（3）侧身勾手掷球。两脚前后开立，身体侧对出球方向，单手持球后引，臂微屈，同时重心移到后脚上；掷球时，后脚用力蹬地，同时转体，重心由后腿移向前脚；掷球手臂由后向前经体侧沿弧线摆至肩上时，手指、手腕用力将球掷向目标；球出手后，后脚向前迈出，维持身体平衡。

侧身勾手掷球易犯错误：

1）挥臂时，未能同时蹬地转体，造成出球无力，也容易出手过早使球高飞。

2）出球时没有甩腕动作，球出手的速度不快。

侧身勾手掷球是手掷球中力量最大的一种掷球方法。比赛中，守门员可运用侧身勾手掷球，掷给距离较远的同伴。

8. 抛踢球技术

这是在比赛中守门员接到球后直接传给远离自己的同队队员时采用的技术动作。抛踢球有踢自抛的下落空中球和踢自抛的反弹球两种方法，其动作要领与脚背正面踢球基本相同。但由于要求踢得远，守门员都是向前上方踢。

（1）抛踢空中球。首先要抛好球，可用双手或单手抛球。在抛球前先向前助跑两步，当支撑脚落地时，上体稍向支撑脚一侧倾斜，身体重心落在支撑腿上。此时将球抛起，球不要抛得太高，球离开手后，摆动腿以髋关节为轴，大腿带动小腿前摆，用正脚背击球的后下部。触球后小腿随球前摆。

抛踢空中球易犯错误：

1）抛球太高，击球不准，出球偏高。

2）踢球时，身体重心未完全落在支撑脚上，摆动腿不能充分摆动。

抛踢空中球多用于远距离大力发球，如直接传球给在对方半场的本队中锋。

(2) 抛踢反弹球。抛踢反弹球动作方法与抛踢空中球基本相同，两者的主要区别是小腿加速前摆与脚接触球的时间应在球自地面反弹起的一刹那，距地面15厘米左右时，用正脚背击球的后中部；触球后小腿随球前摆。

抛踢反弹球易犯错误：

1) 抛球太高，不容易判断反弹后的击球点。

2) 摆腿动作慢，击在球的下部，造成高飞球。

抛踢反弹球出球快，比较准确，球飞行的路线低，比赛中多用于中距离传球。下雨天不适宜用抛踢反弹球。

二、足球运动实用战术

足球是一项对抗性很强的集体运动项目，因此在比赛中常常需要几个队员相互合作配合，这种相互配合合作的行为就是足球战术活动。足球战术是指运动员在比赛中为战胜对手而采取的各种集体配合活动和个人突破行动。

战术的作用是最大限度地发挥自己一方的各种优势，最大限度地限制对方的各种特长，为保证自己能够取得比赛的最后胜利而创造机会的手段和方法。

足球战术依据不同的分类标准可以分为多种类型，一般按攻守关系可分为进攻战术与防守战术；按参加配合活动的人员多少可分为个人战术、小组战术、成队战术；按完成战术涉及的范围分为局部战术和整体战术；按照战术的特殊性分为任意球战术、固定战术；按照战术实施的场区分为中路战术、边路战术等多种不同战术。

（一）阵型中各位置职责

1. 守门员的职责

(1) 守门员是防守的最后一道屏障，要力争守住球门。

(2) 要尽量扩大活动范围，利用空中优势争夺空中球，起到第三中卫的作用并及时出击。

(3) 守门员要掌握全面的守门技术，还必须有高度的战术素养；利用踢、接、击、扑等技术将对方的传球和运球断掉或破坏掉，确保大门安全。

(4) 守门员要起到激励士气指挥全队的防守作用。

(5) 守门员的进攻职责是，接球后利用手抛球和抛踢球，迅速、准确地传给位置最好的同伴，直接发起进攻。

2. 后卫的职责

(1) 边后卫的职责。边后卫位置处于守门员与前卫之间，活动范围在场区的左边或右边，是全队主要的防守力量。

全力阻止对方在边路发起进攻，扼守禁区两侧威胁球门的通路。

不让进攻队员突破，一旦被突破要立即去追，追上后要尽力阻止对方下底，对方下底后不让其传中。

边后卫要掌握全面的防守技术，还必须有高度的战术素养；对手接球前要紧追不让其接球，接球后要防其突破或传中并伺机将球抢下来。

边后卫要与中卫、前卫协同防守，并相互保护、补位，区域结合盯人，防对方转移、插上或包抄射门。

由守转攻时，主动参与进攻，成为中、后场的组织者，并在同侧的边锋队员内切或回撤时，利用空当插上进攻，起第二边锋的作用。

（2）中后卫的职责。中后卫是防守的支柱，位于左后卫和右后卫之间，保护球门前中央禁区的危险地带，确保球门安全。

3. 前卫的职责

前卫的位置处于后卫与前锋之间，是锋、卫之间的桥梁和攻、防的枢纽。如果是三名前卫，通常是左、右两名边前卫突前，一名中前卫拖后，共同形成三角形；如果是四名前卫，就让另一名中前卫突前一点，保持层次，控制中场。前卫要求技术全面、体力充沛、战术意识好。进攻时，前卫是中场的发动机；防守时，前卫是阻止对方进攻的屏障。

（1）边前卫的职责。边前卫的职责是重点看守对方的前卫，就地抢截。延续、瓦解对方的进攻，为本方后卫组织整体防线赢得时间。

（2）中前卫的职责。中前卫是封锁对方进攻的通道的防守屏障。延缓对方进攻速度，从而为本方后卫组织整体防线赢得时间。

4. 前锋的职责

（1）边锋的职责。边锋位置处于最前端，是全队主要的进攻力量。活动范围在场区的左（右）边、中间等，可分为左边锋、右边锋。

通过传切配合、运球突破对方边路防守来射门或传中。

由攻转守时，盯住本侧的对方后卫，不让其轻易助攻。如该后卫插上进攻时，应积极紧逼盯防。

在同侧后卫插上进攻，而本队失去控球权时，应迅速回撤，协助防守。

（2）中锋的职责。中锋是全队进攻锋线的尖刀和主要得分手。活动范围主要在前场对方禁区附近。

掌握熟练的过人技术和突破能力，力争突破对方防线，寻找和制造射门得分机会。

通过穿插扯动，利用突破配合，为同伴创造射门机会。

防守时不要回撤太多，在中场根据对方队员所在位置横向移动，以牵制对方两名中卫。

本队一旦在前场丢球，要积极迅速回抢，阻扰对方的进攻速度，为本方从容组织回防赢得时间。

前锋除积极进攻外，防守时还要紧盯自己的对手——对方中卫和边卫，还要协助本方的后卫线来防守对方的锋线队员。前锋职责范围气势磅礴，这是现代足球“全面型”打法的需要。

（二）足球运动战术分析

1. 守门员战术

守门员既是防守的组织者，又是进攻的发动者，所以守门员战术有防守战术和进攻战术两类。

（1）守门员防守战术。比赛进行中的站位应选择在对方射门时球所在位置与两个球门柱之间所形成的分角线上。

在这个原则下，根据对方射门距离的远近可适当地前移或弃门外出，缩小对方射门角度。

防守任意球，主要是前场本方罚球区附近的任意球时，一般情况下，守门员负责组织“人墙”，他首先应站到距球近的一侧门柱，看“人墙”是否封住近角，然后选择远角站位，并且一定要看到球，不要让“人墙”挡住自己的视线。

防守角球时，他应选择站在远端球门柱 1 米左右的球门线外。

出击断截球时，对边路传中的空中球，落点在球门附近时，守门员应果断出击争夺此球，并根据当时情况应用各种方法将球接住或击出。

凡落点在点球附近的从不同角度、方向长传来的球，守门员应迅速而果断地冲出，抢断第一点。

（2）守门员进攻战术。守门员进攻战术一般有两种形式：一种是罚球区内或罚球区附近的定位球由守门员发起进攻；另一种是接球后用手掷或抛踢球发动进攻。不管哪一种形式，守门员发出的球有三种情况：一是当对方已回撤时，守门员将球发给后场的边后卫；二是需要发动快速反击时，守门员将球直接开给前场的同伴；三是中场比较空时，守门员将球直接传给有利位置上的中场前卫。

2. 定位球进攻战术

定位球战术是指在比赛中，利用“死球”后重新开始比赛的机会组织进攻与防守配合的战术方法。定位球战术包括中圈开球、角球、任意球、点球、掷界外球等。

（1）任意球进攻战术。任意球进攻战术又分直接任意球进攻战术和间接任意球进攻战术。

直接任意球。直接任意球是可以直接射门得分的罚球。在具体情况上有两种：一种是可以直接射门并破门进球的可能性很大，另一种是可以直接射门但是进门的可能性较小。如果出现直接射门的好机会，则应果断决定实施直接射门。

任意球最好的机会是在罚球区的罚球弧内或附近处的任意球。

在这一区域的任意球的进攻战术组织应基于以下的原则：遮蔽守门员的对球视线，以使其对任何射门——劲射或巧射的反应减慢。

为达到遮蔽守门员视线的目的，可以派两名进攻队员延长对手“防守人墙”两侧的宽度或位于守门员一侧的人墙宽度。为了能用身体挡住防守队守门员的视线，这两名队员应成直立姿势站位，他们的位置可以与人墙保持平行，也可在离球6～7米处。当主罚队员将球罚出后，这两名攻方队员应及时散开并准备补射。散开时机要把握到精妙之处，尽量晚一点，使对方守门员能够看到球的时间越晚越好。

罚球时，应由两名罚球队员站于罚球位置上，这样可以使对手产生疑问，不能确定哪一位是主罚队员；如果两名罚球队员从不同的角度跑动，还可以踢出不同类型的弧线球，如一个是左脚队员而另一个是右脚队员最好。两个队员从不同的角度助跑将使诱骗对手的战术配合更容易获得成功，非主罚队员还可以掩护主罚队员使防守队员产生迷惑感，行动迟缓。

在罚球区中路附近的直接任意球射门方式一般有以下一些方法：

其一，劲射。主罚队员发现防守人墙不严密、有空隙或者是防守人墙宽度不够，未将守门员远侧的球门角度封死或守门员站位错误时，这时主罚队员可以采取大力射门。这种罚球对罚球力量与准确性上都有较高的要求。

其二，弧线球射门。由于防守人墙的严密防守，从两侧射门的角度受到很大的限制。所以，主罚队员可以采取踢弧线球，以绕过防守人墙射门。踢出的弧线球以向侧前旋转效果最好。踢弧线球射门时一般以射近门柱一侧为主，射这一侧的成功机会比射远门柱一侧的成功机会高出90%。

其三，快速射门。当出现罚任意球时，不必等裁判员鸣哨再罚球。球放稳后，要乘防守队员此时思想放松，注意力尚未高度集中，防守阵线有漏洞，守门员在组织人墙时，迅速实施射门，这时的射门往往能收到较好的效果。

其四，战术配合射门。为了能够取得更好的射门角度和效果，常常采取配合射门。配合射门主要是利用突然传球配合和迷惑手段，避开防守队员的防守或是防守人墙，为主罚队员创造更好的射门角度或机会。

主罚队员罚球前，两名同伴站在对方守门员负责防守的球门一侧的防守人墙的端点一侧，以挡住守门员的视线。当主罚队员踢出球后，这两名队员即刻向两侧避开，球从闪开的空间飞过直入球门。

在罚球区外侧方罚任意球时，由于射门的角度较小且离球门较远，在罚球时的基本原则是将球传至防守队员的后方。分析表明，在罚球区外侧区域出现任意球的概率最大，因此，应当对这种区域的任意球的罚球配合进行更多的训练，以取得更理想的效果。

间接任意球。间接任意球是主罚队员不能直接踢球射入对方球门的任意球。主罚队员踢球后，球必须经其他队员触及后射入对方球门才算有效，否则无效。另外，当罚球地点距离球门过远，射门角度过小，防守队员人员密集时，一般也采取间接射门。

(2) 角球进攻战术。角球的进攻方法一般有以下几种。

其一，直接踢弧线球射门。不论踢角球在球门左边或球门右边，在试图直接射门得分踢角球时，多数是以侧弧线球攻击球门的两个上角区域部位。

其二，将球直接踢向威胁区域。球门前两个椭圆区域内进攻队员人数较多，防守队员也不少。守门员活动受限，不敢轻易远离球门争抢空中球。进攻队应重点在这些区域布置攻击队员专门负责争夺此区域的空间优势。从近几届的世界杯大赛中的角球情况看，所进角球几乎全部采用此种方式。

其三，中短距离配合战术角球。这种战术配合的主要目的是取得更好的传中位置和传球角度。

3. 界外球攻守战术

足球比赛中掷界外球的次数很多，特别是在前场的界外球，它已接近了角球对双方所产生的影响和效果，且投掷界外球无越位限制，有利于进攻方的战术配合。

(1) 掷界外球进攻战术。

1) 直接回传。由接球者直接或间接回传给掷球者，由掷球者组织进攻。

2) 摆脱接球。用突然的变速变向摆脱防守，接应或插入接球，展开进攻。

3) 长传攻击。由擅长掷球的队员掷出长传球，由同伴在对方门前配合攻击是经常用的方法。如掷球给跑动中的同伴，接球后用头顶后蹭传球，另两名队员配合同时包抄抢点攻门。

(2) 界外球防守战术。在掷球局部要紧逼，特别是有可能接球者，要死盯。

对比较危险的地域和有可能出现的空当要重点防守和保护。

对手在前场掷球时，应采取相应的防守对策，派人在掷球者前面影响掷球的远度和准确性，对重点对象要盯紧，选择防守的有利位置。

4. 球门球战术

进攻方法：

(1) 长传和短传方式，直接将球踢出组织进攻。

(2) 通过守门员的后卫的配合，由守门员再发球进攻。

球门球的防守：

(1) 对方大脚发球时要严密控制落点和紧逼盯人并做好保护。

(2) 本队进攻结束，对方踢球门球时，除前锋队员干扰对方配合，延缓进攻速度外，其他队员应回防到位。

5. 开球战术

开球进攻战术：

（1）组织推进。利用开球进行控制球、倒脚，寻找进攻机会。

（2）长传突袭。利用比赛刚开始对方思想不集中，站位不好，出现明显空当时，采用长传突袭，可使对方措手不及。这种战术即使不能成功，也会给对方造成心理上的压力。

开球防守战术：

主要是全队思想集中，选好位置，严防对方偷袭。当对方采用短传推进时，按防守原则行动，力争尽快地夺得控球权。

6. 罚点球的攻守战术

主罚队员：

（1）以射准为主，以力射为辅，射球门的底角和上角最优，但要留有余地。

（2）心理要稳定，有必进的信心。

（3）先看守门员位置，再决定射门方向，

守门员防守：

（1）应有必胜的信心，心理要稳定，守门员守不住不会受到更多的指责。不能轻易改变决定，因为对方主罚队员更紧张。

（2）可以采用故意放大一侧的方法，或者用假动作迷惑干扰对手。

（3）掌握对手惯用的脚法和射门方位等特点，有针对性地防守。

（4）不论射向哪个方向，总是向某一底角扑出，因为单纯靠反应再扑救是来不及的。

7. 个人进攻战术

个人进攻战术是局部进攻战术和全队进攻战术的基础。个人进攻战术水平的高低直接影响局部和全队进攻战术的质量，同时，个人进攻战术必须服从于局部和全队进攻战术。

个人进攻战术包括如下几种。

（1）跑位。跑位是指足球比赛中队员在无球的情况下，通过有意识的跑动，为自己或同伴创造进攻机会和行动。

据统计，在一场90分钟的足球比赛中，除去死球，实际比赛的时间约有60分钟，而每名队员的实际控球时间仅有几分钟，其他时间都在不停地跑动，由此可见跑位十分重要，它是进攻战术的基础。根据跑位的目的和开始状态，跑位可分为摆脱和接应、切入和插上、扯动和牵制。

常用的跑位方法是突然变速跑、变向跑、起动和急停等。敏锐的观察、明确的目的、合理的时机、多变的行动是跑位战术的主要内容。

（2）传球。传球是指队员在比赛中有目的地把球踢给同伴或踢向预定的方位。

虽然传球在比赛中有多种多样的形式，但构成战术因素的主要有以下几个方面：

首先，传球的目标。在比赛中，为了实现进攻的效果，向前传球和向空当传球是主要的，但是，只有单一的向前传球和向空当传球容易被防守队员识破进攻的意图。传球必须是向前、向空当传球结合横传球和回传才能收到良好的进攻效果。另外，在有多名同伴接应的情况下，应根据比赛和实际情况选择最有威胁的同伴进行传球。在比赛中，传球时应大胆和主动，而后场传球时则应该小心和谨慎。

其次，传球的时机。传球应及时，否则就会失去良机。传球的时机最好在同伴已经意识到，而且有可能占据有利位置时进行传球，也就是当同伴已经摆脱对手或同伴起动跑向空当时传球。传球早了，同伴没办法得到球；传球晚了，传球路线就会被对方堵死或者造成同伴越位。

再次，传球的力量。通常情况下，传球的力量应以接球同伴便于处理球为原则。向被防守队员紧逼的同伴脚下传球时，力量要稍大，使防守队员不容易抢断；向无人防守的同伴传球时，力量要适中，便于同伴处理球；向前传球时，应考虑同伴的速度，如果同伴的速度较快，则可传球力量大些，便于同伴发挥速度的优势。

总之，传球的目标、传球的时机和传球的力量是传球成败的主要因素，在这些因素中，任何一个因素的失误都可能造成传球的失败。

传球队员在传球时还应考虑以下几个因素：

1）同伴的体能。如果接球同伴的体能下降，在传球时应多传同伴的脚下而不是向同伴身前的空当传球。

2）场地条件。在场地条件不是很理想时，应减少传地滚球而多传空中球。

3）自然条件。当顺风时，应适当地减轻传球的力量，在雨天或场地潮湿时进行比赛也应适当地减轻传球的力量。

（3）运球突破。运球突破在进攻战术中具有十分重要的作用。在比赛中，攻守双方处于相对平衡时，采用运球突破往往可以打破平衡，起到意想不到的效果，但是不成功的运球突破不仅会造成进攻上的被动，更严重的是可能会影响到全队的团结。

比赛中，在以下情况下队员应大胆采用运球突破战术：

1）当控球队员无人接应也不利于传球时，应大胆地运球突破创造射门或传球机会。

2）当控球队员在对方的罚球区或接近罚球区时，应采用突破战术造成防守的被动。例如：防守方已布好了防守阵型，一对一紧逼进攻球员时，采用运球突破可以打破场上的攻守平衡，一旦突破成功，就可以在局部形成以多打少的局面。

3）当防守方采用越位战术时，同时又没有同伴插上反越位，控球队员可采用运球突破战术。

4）当控球队员面对最后一名防守队员，一旦突破即可形成射门时。

在运用运球突破战术时应注意：

1）控球队员应随时观察场地的情况，主动地选择运球突破而不是被动地、盲目地运球突破。

2）控球队员要掌握好运球突破的时机和距离，并随时将球控制在自己的范围内，做到能突破就突破，突破不成功也牢牢地控制住球。

3）运球突破必须服务于全队战术，因此，控球队员在运球突破之后应及时地传球或射门，避免在运球突破之后拖泥带水而延误战机。

（4）射门。射门是一切进攻战术配合的最终目的，是进攻得分的唯一手段，也是足球比赛中最困难、最扣人心弦的环节。在现代足球比赛中，靠近球门区域往往防守人员多，拼抢凶狠，因此给射门带来了很大的困难。在这种情况下，进攻队员必须抓住转瞬即逝的射门时机，选用正确的射门脚法，做到射门突然、有力，使防守队员难以判断，才能达到破门的目的。

射门应注意以下几点：

其一，强烈的射门欲望。足球比赛中，除在前场射门得分外，在中、后场的远射和超远射门得分也屡见不鲜。这些远射和超远射门充分说明，队员只有具备强烈的射门欲望才可能得分。另外，射门机会的得到是来之不易的，是全队共同努力的结果。射门的成功与否关系到比赛的成败，也是由于种种的压力使得有的队员在该射门时选择了传球或突破，而错过了射门的最好时机。应该使队员明白，该射门时不射门是极大的错误。捕捉一切可能射门的机会是进攻的前奏，队员要敢于射门，要敢于承担射门不进的责任。

其二，良好的射门意识。射门前观察守门员的站位，选择最佳射门角度。一般情况下，守门员的位置在球门中央时，应射向球门的两个下角；守门员封住球门近角时，应向远角射，远射的力量要适中。射门的力量应根据射门的距离来决定。远射时应强调力量，力量大才能起到迅雷不及掩耳的效果。随着射门距离的缩短，则应在保持准确的前提下，做到力量适当。在选择射低球和高球时，应尽量射低球。接平、高球时，守门员的下肢肌、腰腹肌可直接快速蹬地伸长发挥作用；接低球时，则要先移动重心，伸肌再发挥作用，所以要慢些。以上种种都是射门的意识。进攻队员只有具备了良好的射门意识，才能提高射门的成功率。

其三，扎实的基本功。射门时可以采用脚背正面，脚背内、外侧，脚内侧等多种踢球技术，无论采用什么样的踢球技术，都必须在平时的训练中反复锤炼，在比赛中才能运用自如。

8. 整体进攻战术

整体进攻战术是指为完成进攻任务所采用的全局性的进攻配合方法。

一次完整的整体进攻由发动（开始）阶段、发展阶段和结束阶段构成。

（1）发动阶段（开始阶段）。当一支球队获得控球权即进入了发动阶段，一般指在本方半场开始的进攻。开始进攻的方式有两种：一种是快速攻击，另一种是逐步推进。当获得控球时，对方未能及时进行攻守转换，防守队员未能完全回到防守位置时，应采用快速攻击的进攻配合。在现代足球中，快速攻击的配合是得分的重要手段。当获得控球权时，如果对方退守较快或后防较稳固时，则应采取逐步推进的配合方式，放慢进攻节奏，寻找对方的弱点进行攻击。

（2）发展阶段。一般指中场附近到对方罚球区附近的进攻。在发展阶段最强调的是控球权，控球权一旦丢失，就意味着进攻的结束。在全攻全守的足球比赛中，由于在发展阶段所有队员都已完全由防守状态转变成了进攻状态，所以，在这时丢失控球权往往会使全队造成很大的被动。因此，在发展阶段要把握好进攻的节奏，有良好的进攻机会就快，没有良机就放慢进攻的速度，牢牢地控制住球。

（3）结束阶段。一般指在对方球门前方 30 米左右的进攻。在这一阶段，防守人数较多，拼抢激烈，因此进攻中要有冒险精神。所谓的冒险就是只要在时间、空间上有一定的可能，就要敢于运球突破、敢于配合切入、敢于抢点、敢于射门，只有这样才能对对方防守造成威胁。不能要求这一阶段的传球、运球、射门都必须有把握取得成功。

在足球比赛中，不是每次进攻都包括发动、发展、结束三个阶段．有时只有其中的一个或两个阶段。

全队进攻战术参与的人数较多，具体配合千变万化，但根据进攻发展的区域可分为边路进攻和中路进攻两大类。

（1）边路进攻。边路进攻是指在对方两侧场区发展的进攻。边路进攻的特点是充分利用场地的宽度，拉开对方的防线，并且利用边路防守人数相对较少、空当较大的特点，突破对方的防线。但是，边路进攻直接射门的机会较少，所以威胁也相对较小。

在边路进攻中，最常用的战术配合是边路突破和传中。常用的边路突破的方式是运球突破、二过一配合突破、交叉换位配合突破、插上套边配合突破。传中常用的方式有外围传中、下底传中和下底回扣传中。

（2）中路进攻。中路进攻是指在对方中场中路发展与结束的进攻。中路进攻的特点是进攻投入的人数多、射门角度大、得分机会多。中路进攻常用的配合方式有运球突破、短传渗透和头球摆渡配合。一般情况下，在对方前场 30 米附近，一旦在中路夺得控球权，就应大胆地运球突破争取获得射门机会。而在自己中后场夺得控球权，则可以连续地运用短传配合，逐步向前推进，最终形成突破射门。但是，中路一般防守队员密集，突破难度大，所以在中路进行短传渗透时需要队员具有较好的个人技术和良好的进攻意识。头球摆渡配合大多都是后卫通过长传直接将球传到前锋所在的位置，利用前锋的身高优势进行抢点形成射门机会或者为同伴创造射门机会。这种进攻方式由于不通过中场，所以在进攻上具有较快和较大隐蔽性的优点，但是，投球摆渡配合要求传球落点要准确、合理；争顶队员要适时到位，争顶要有力；插点、包抄的同伴接应要及时；这些环节要配合得丝丝入扣，不能有一点儿失误。因此，也使得头球摆渡配合的成功率相对较低。

（三）足球运动防守战术

1. 个人防守战术

（1）回位跑战术。回位跑是指在比赛过程中本方球权丧失后，队员积极回跑至防守位置的战术。

战术方法：

由攻转守时，本方进攻队员要迅速回位，担负防守责任。回位时要注意观察对方进攻的人员位置、球的位置以及球门的位置。队员应就近及时防守，以减缓对方的进攻，为全队防守争取时间。

注意事项：

把握回位跑的时机。由攻转守的瞬间，丢球队员和邻近球的队员应积极防守，阻断或者延缓对方的推进速度，同时要注意边防边退；其他球员应迅速回防到自己的防守区域，并做好补位的准备。

确定回位跑的路线。足球比赛中，速度是决定比赛胜败的重要因素。由于球员在场上的位置不同，担负的职责也不尽相同，因此，他们回位跑的路线也就不一样。回位跑时，应选择最短的距离，以最快的速度回防，形成防守优势。

保持回位跑的队形。首先，队员要明确自己在场上的位置，确定好回位跑的距离，保持好原来的比赛阵型。其次，加强后卫线、中场和前锋线之间的联系。

（2）选位战术。选位是指防守队员在防守时选择占据合理防守位置的行动。

战术方法：

选位应在本方失球后快速回位，并站在对手与本方球门中心所构成的连接线上，随时观察对手和球的位置。与对手的距离要根据场区以及球所处的位置来决定。

注意事项：

选位时要注意进攻队员所处的位置和重点区域内进攻队员的分布，还要弄清持球队员的位置和球门的距离。

球员的选位要随机应变，根据场上的形势变化，机动地交换防守任务，做好保护准备。

(3) 盯人战术。盯人是指防守队员限制进攻队员进攻所采取的行动。

战术方法：

盯人分紧逼盯人和松动盯人两种。

紧逼盯人时，要做到向前可以抢断球，或不给对手处理球的机会，向后能抢先于对手得球或破坏对手接球；松动盯人时，要做到既能弥补邻近同伴的位置，又能防守对方向背后传球和对手切入背后。

练习方法：

练习在半场内进行。5 名防守队员、1 名守门员和 4 名进攻队员。开始时，每一个进攻队员都在防守队员的盯防下，然后，进攻队员利用个人技术突破、传球和跑位，尽量制造活动空间，破门得分。防守队员则练习对有球队员盯防，尤其对穿插球员的防守，培养防守队员的补位意识。

注意事项：

盯防时要注意对重点区域的防守。防守者之间合理分配防守任务，盯人者要紧逼对手，其他球员要做好保护与补位的准备。

加强对前插的无球队员的盯防。防守队员要准确地对无球跑动队员的意图做出判断，始终使对手处于自己的防守区域内。

(4) 抢断战术。抢断是指将对方的传球截下来或破坏掉的战术行为。断球是转守为攻中最主动、最有效的战术行动。抢断是重要的个人防守技术，是个人防守能力的重要标志。

战术方法：

抢断时，身体重心落于两腿之间，与球和持球队员保持好距离，一般在 2 ~ 3 米之间。准确预测持球队员的意图和球的运行路线，先于对方传球前快速封堵球的运行路线，将球断下。

练习方法：

一对一抢断练习。在半场内两人一组，进攻队员向球门做变向与变速运球，防守队员进行抢断练习。抢断后，两者角色交换。

断球练习。每三人一组，两名进攻队员、一名防守队员。练习时，两名进攻队员相互传递球，防守队员把握好时机将球断下。

注意事项：

抢断时应把握恰当的时机。要先于对方传球前快速封堵球的运行路线，将球断下。

抢断时要做出合理的判断。首先，要准确判断持球队员的意图，其次要对球的运行路线做出预判。

抢断失败后，要积极回抢。

抢断成功后，要抓住时机，积极地发动反击。

2. 局部防守战术

局部防守战术是指两个或几个防守队员之间的配合方法，它是集体配合的基础。基本的配合形式有保护和补位。

（1）保护。保护是指同伴紧逼控球对手时，自己选择有利位置来保护同伴，防止对手突破。

战术方法：

在防守中，防守队员之间必须相互保护，要根据球在场区的位置和当时的攻防局面来选择保护的距离和角度。如对方有策应队员，保护队员也应对策应队员施加压力。

当控球队员被同伴逼向外线，内线已被同伴封堵时，应撤到同伴的斜后方保护同伴。一名防守队员逼抢进攻队员时，另一名防守队员应选择有利的位置加以保护。

当控球队员向内线运球时，应选择侧后方的位置。

如果不能判断控球队员被逼向内线还是外线时，保护队员应选择与紧逼队员成45°角的有利位置。

注意事项：

保护队员要给予对方策应队员足够的防守压力。

保护的球员只是对防守持球队员给予了保护，忽视了对重点区域的保护。

防守球员进行保护时，要加强对重要区域对方策应球员的盯防。

（2）补位。补位是指防守队员弥补同伴在防守中出现的漏洞时所采取的互相协助的战术配合行动。

战术方法：

补空位。当后卫线队员插上进攻，退守不及时时，其他同伴暂时补他的位置，以防对方利用这一空当快速反击。

邻近队员相互补位：当防守队员被进攻队员运球突破或进攻队员突然快速插入防守队员背后时，同伴来不及盯防，邻近队员应及时补位。

注意事项：

防守队员被突破后应及时回追，或者在队友补防的情况下，要积极地协助其防守或者退守到重要区域。

补位时，应遵循就近原则，在第一时间内阻击对方的进攻。

（3）局部防守战术配合练习。局部防守战术是防守队员之间相互配合的一种防守方法，它是整体配合战术的重要组成部分，局部防守战术的质量对全队防守的成败具有直接的影响。局部防守战术配合有局部攻防人数相等配合、局部以多防少配合和局部以少防多配合三种。局部配合的关键在于，要以最快的速度在防守区域内形成尽量大的防守优势。在不能形成防守人数的优势时，防守队员要加强对持球队员以及对本方球门威胁最大的球员进行重点盯防。

局部攻防人数相等配合：

3对3防守练习，即3名防守队员，3名进攻队员。在15米×20米的区域内练习，3名防守队员紧逼进攻队员，防守时要重点封锁进攻队员的传球路线，加强对无球队员盯防。此外，防守无球队员的人要注意。

局部以少防多互相配合：

选择对本方威胁最大的球员予以盯防，同时注意观察另外一名球员的位置和跑动路线的变化，根据不同的情况，及时准确地改变防守重心。

3. 整体防守战术

整体防守战术是指全队采取的防守战术方法。

整体防守战术主要有盯人防守、区域防守和综合防守三种。

（1）盯人防守。盯人防守是指进攻队员跑到哪个位置，防守队员就盯防到哪个位置。盯人防守分为全场盯人和半场盯人。这种防守方法是对口盯人，分工明确；但体力消耗大，一旦被突破，很难补位，使整个防线出现很大漏洞。因此，在比赛中，单纯采用人盯人防守方法是不合理的。

（2）区域防守。当由攻转守时，根据场上位置的分布，每个防守队员负责防守一定的区域，当对方队员跑到本区域时，就负责盯防，离开这个区域，就不再跟踪盯防。这种战术较为省力，但是，对方可以任意交叉换位，容易造成局部以少防多的被动局面。因此，目前在比赛中已很少采用这种防守方法。

（3）综合防守。综合防守是指盯人防守与区域防守相结合的防守方法。综合防守是目前在比赛中普遍采用的一种防守方法，它集中了盯人防守和区域防守的优点。在防守中要求防守队员根据场上情况实施逼抢、盯人、保护与补位，以达到防守的目的。

三、足球运动热身训练

参加体育运动特别是身体接触项目的运动是有风险的，球员会受伤。

因此，国际足联医疗评估和研究中心（F—MARC）的主要目标是减少足球比赛中发生受伤的事故率和严重性。首要任务是记录世界锦标赛级别的受伤事故率。F—MARC必须清楚应该尽量避免哪些伤害。F—MARC采用了目前最好的方法，同时在1998年FIFA世界杯上首次执行伤害监测方案，且在当今FIFA主办的比赛中也还一直使用这个方案。通过这个方案，F—MARC稳定地掌握了世界锦标赛级别的受伤数据。

在F—MARC成立之前，很多预防报道都是依据专家意见而非研究证据。在20世纪90年代之前，只有一个来自瑞典的实验性研究项目设计了针对预防足球比赛伤害的研究。但是这个项目过于宽泛，很难针对最有效的方面。

伤害预防研究分为四个步骤。第一，确定可以通过伤害监测项目避免的受伤类别。第二，确定受伤机制（受伤发生的原因）。第三，制订预防草案。第四，在球员中执行这些草案，同时观察受伤比率是否下降。事实上，所招收的球员会被随机分成两组。一组接受草案干预，而另一组则不执行草案。记录下特定时间的所有伤害，同时比较两组的受伤比率。

第一份瑞典研究报道显示，所有的伤害显著下降了 75%，但是在现实中，没有人可以遵守这么多干预措施或要求队员完全执行如此死板的方案。第一个 F—MARC 伤害预防项目对欧洲大部分高中男生做了分析，结果显示整体受伤比率下降了 1/3。这个下降比率似乎与随后的研究是一致的。这个方案是 F—MARC 的首个预防方案，取名为 The 11，它包含 10 项预防练习和公平竞争口号（在世界锦标赛级别的比赛中，男运动员接近一半的受伤和女运动员大约 1/4 ~ 1/3 的受伤都是由运动员比赛犯规导致的）。

伤害预防的一个重要方面是归集特定伤害的风险因素。风险因素可以分为与球员相关因素（技术缺失、健康问题和旧伤）和与球员无关因素（裁判素质、场地条件和环境因素）。健康水平和技术缺失等风险因素是可以降低的，而性别、年龄、环境和场地条件等风险因素则是不可改变的。研究表示，干预一些可改变的因素（例如腘绳肌力量）可以成功地预防受伤。但是记住，历史旧伤最容易再次发生受伤。腘绳肌拉伤的球员再次发生拉伤的风险显著提高；有报道表示，受伤风险会增加 8 倍。结论显然就是必须预防第一次受伤。

从最初的瑞典项目开始之后，医学文献上出现了大量的预防实验。有些综合实验的设计是为了降低整体伤害比率，而有些实验则面向特定伤害预防。例如，在团队比赛中，方案特别制定了针对足踝扭伤、膝盖扭伤、腘绳肌拉伤和腹股沟拉伤的预防措施。预防方案可以分为初级预防（预防第一次受伤发生）或次级预防（预防经常发生的受伤）。腘绳肌拉伤和膝盖拉伤的预防方案属于初级预防，但也同样适用于次级预防，而足踝扭伤预防方案则是次级预防。到目前为止，没有任何预防方案可以预防运动员的第一次足踝扭伤。

膝盖，特别是前交叉韧带（ACL）的伤害预防研究一直都备受关注。ACL 受伤在足球和篮球等运动中的发生比率较高，同时女性运动员比男性运动员发生风险的概率高 3 ~ 8 倍。这个问题在初中和高中女生以及大学女生的身上都很明显。女性足球运动员身上出现多处 ACL 受伤是很常见的；运动员发生第一次受伤的年龄越小，那么他发生其他受伤的风险就越高。大量的预防研究显示，有些预防取得了不俗的成绩（女性青年运动员发生 ACL 受伤的比率下降达到 70%），而有些预防则没有任何成效。

坚持落实是任何预防方案的关键。将这些方案作为训练和比赛常规热身的一部分可以收获相当不错的效果。如果经常执行这些预防方案，就可以有效降低

ACL 受伤比率。如果只是偶尔执行预防方案，那么结果就很难预料了。大多数专家希望看到 75% 或更高的方案落实比率。

腘绳肌拉伤已经成为高水平比赛中最棘手的问题。这个 20 年前微不足道的受伤，在现代比赛节奏之下已经位列专业球员受伤的前四位，有时候在俱乐部比赛中还排名第一。在专业俱乐部的一个赛季中经常出现 6 次或更多次腘绳肌拉伤。但是研究显示，不管是第一次拉伤还是复发性拉伤，腘绳肌拉伤都是可以预防的。定期地完成腘绳肌训练，可以非常有效地预防腘绳肌拉伤。

腹股沟拉伤是足球和冰球比赛中的常见问题。球员一般会做静态拉伸来避免腹股沟拉伤。问题是，没有任何认可静态拉伸准备活动可以有效预防一般受伤，更不用说腹股沟拉伤等特定受伤了。但是有报道显示，将静态拉伸转换为动态拉伸在伤害预防方面取得了一些成效。虽然静态拉伸很不错，但是大多数专家建议在比赛之后的一天做静态拉伸，或者在放松阶段而非前期热身活动中做。

腹股沟拉伤并不像运动型疝气一样常见于冰球和足球比赛。腹股沟拉伤是典型的肌肉拉伤，而且往往是长收肌受伤。大多数球员都清楚受伤发生的时间。运动疝气，也叫作吉尔摩的腹股沟、运动疝或者运动型疝气，是一种靠近传统疝部位的结缔组织炎症或拉伤。造成受伤的具体实例无法列举。在冲刺或激烈踢球时，球员会抱怨腹股沟拉伤。在医生的办公室里，球员坐下或躺下抵触到髋屈肌或者咳嗽时，这种疼痛有时会再现。虽然这些受伤大部分出现在男性运动员身上，但是运动疝气也会出现在女性运动员身上。具体原因不清楚，而且这种受伤的诊断对于医生是一项临床挑战，因为太多其他的问题也会有这种类似的疼痛。

遗憾的是，没有任何明确的诊断检测或成像方法是专门针对运动疝气的。虽然冰球运动中有专门针对疝气的看似有效的预防方案，但是当尝试用于专业足球运动员时，可能由于球员和团队落实不佳，结果也无从确定。因为伤害很难确诊，因此患有慢性腹股沟疼痛的运动员必须咨询运动医学专家。即使受伤球员接受建议，采取更多的休息、按摩、添加固件、药物治疗等方法，疼痛还是会频繁反复。欧洲比美国更多执行的常规疝气修补术已经被证明是相当有效的手术干预措施，但是，这种解决方案不一定适合每个人。

随着收集的数据越来越多，F—MARC 研制出第二个版本的 The 11+。这个 The 11+修订版不仅改进了训练方式，而且整个训练项目还替代了球队在训练或比赛之前的全身热身运动。这就是 The 11+。The 11+在挪威女性青年运动员身上的测试有两个明显的结果。第一，预期整体伤害减少了 1/3。第二，方案得到很好的落实，因为修改后的设计方案提高了球员和教练的兴趣及参与度。作为热身运动，The 11+为运动员提供了训练和比赛的热身准备。作为教学工具，大量的练习为球员提供了着地、断球和转身的恰当技巧。正确着地时，膝盖应该弯曲超过固定脚，不能形成所谓的外翻位置。教练必须监视运动员的这些训练，同时纠正运动员不正确的着地和断球技术。

热身运动可以让身体逐步适应更加强烈的训练。这是非常重要的，因为当身体体温比休息时的体温高时，身体才可以更有效地运动。因此，The 11+一开始的训练就是短暂的慢跑。

在慢跑训练之后，球员会进行力量、增强式和平衡训练。这些训练可以动态地拉伸肌肉，为赛场上更加激烈的运动做好准备。

推广热身运动的其中一个目的是为接下来的运动做好身体准备。The 11+中的很多训练都是具有挑战性但强度不高的训练。而每次跑动训练都是较高强度的运动，可以让身体更加接近更正规训练程度。跑动的步伐不是疾跑，而是难度相对较高的跨步跑。提高跑动速度意味着提高步频和步长。这样，让摆动腿的移动更快，着地起跑腿则更强壮。各种跑动速度中所使用的实际肌肉都是一样的，但是通过让更多肌肉细胞参与跑动和要求每个细胞更好地收缩，大脑可以指示每块有效肌肉更努力地工作。

（一）直线慢跑训练

1. 直线慢跑的步骤

将6～10对锥体以5～10码（约5～9米）的距离并排成行——对于青少年球员可以距离近些，成人球员可以距离远些。

这种锥体结构可以在所有的慢跑训练中使用。如果有很多球员参加，可以排成两行或者更多行。与一名搭档一起从第一对锥体开始慢跑到最后一对锥体。在返回开始锥体的过程中可以逐渐加快速度。完成两组。

2. 直线慢跑训练锻炼的肌肉

主要肌群。髋关节屈肌（主要是腰肌和部分髂肌）、股四头肌（股内侧肌、股外侧肌、股中间肌、股直肌）、腓肠肌和比目鱼肌。

辅助肌群。腘绳肌（股二头肌、半腱肌、半膜肌）、腓骨肌（腓骨长肌、腓骨短肌和第三排骨肌）和胫骨前肌。

3. 直线慢跑训练对足球训练的影响

热身运动的其中一个目的是提高身体内部体温。这是很重要的，因为所描述的代谢功能在体温高于休息体温时工作效率最高。有些常规慢跑就是提高身体内部温度的简单方法。当开始流汗时，身体内部温度正处于能量代谢最有效的温度范围。The　11+可以有效提高身体内部温度。

（二）髋关节向外慢跑训练

1. 髋关节向外慢跑训练步骤

设置与直线慢跑训练一样的锥体结构。与一位搭档一起行走或慢跑并在每一对锥体前停下，抬高膝盖将髋关节向外转动。在连续锥体结构处交替转动左右腿，直到到达终点，接着慢跑返回起点。完成两组。

2. 髋关节向外慢跑训练锻炼的肌肉

主要肌群。髋关节屈肌、臀肌（臀大肌、臀中肌和臀小肌）和阔肌膜张肌。

辅助肌群。内收长肌、内收大肌（后臀纤维）、缝匠肌和梨状肌。

3. 髋关节向外慢跑训练对足球训练的影响

很多教练和运动员认为静态拉伸可以提高成绩和避免受伤，但是科学证据显示却并非如此。全方位关节运动的动态拉伸并不会影响体能，相反还可以减少拉伤。足球运动员较容易出现腹股沟拉伤，因此可以在热身活动中进行特定的腹肌沟动态拉伸。

（三）髋关节向内慢跑训练

1. 髋关节向内慢跑训练步骤

设置与直线慢跑训练一样的锥体结构。与一位搭档一起行走或慢跑。遇到每一对锥体时，抬高膝盖并向外摆动，然后向内旋转髋关节。在连续锥体结构处交替转动左右腿，直到到达终点，接着慢跑返回起点。完成两组。

2. 髋关节向内慢跑训练锻炼的肌肉

主要肌群。内收肌群（内收长肌、内收大肌、内收短肌、股薄肌）、臂小肌和臂中肌。

辅助肌群。耻骨肌和阔肌膜张肌。

3. 髋关节向内慢跑训练对足球训练的影响

大多数关于灵活性的训练方案会强调相对的肌肉群训练。这种动态内旋转训练可以平衡之前的动态外旋转训练。对于这两种动态灵活性训练，确保不管是在肢体动作的开始或结束，都要在整个关节活动范围转动大腿。每次转动可以稍微加大幅度，这样训练会更有效。

（四）绕搭档慢跑训练

1. 绕搭档慢跑训练步骤

设置与直线慢跑训练一样的锥体结构。与一位搭档一起慢跑到一组锥体。各自向两侧慢跑，然后两人在中间碰头。与搭档相互围绕着跑一圈，然后回到锥体位置。遇到每对锥体都重复相同的动作。保持脚趾着地，弯曲髋关节和膝盖以保持重心低位。从终点慢跑到起点。完成两组。

2. 绕搭档慢跑训练锻炼的肌肉

主要肌群。腓肠肌、比目鱼肌、臀大肌、髂胫束（起跳脚）和内收肌（牵引脚）。

辅助肌群。腘绳肌、股四头肌、腓骨肌、胫骨前肌、腹部核心肌群（腹外斜肌、腹内斜肌、腹横肌和腹直肌）和用于控制姿势的脊髓伸肌（骶棘肌和多裂肌）。

3. 绕搭档慢跑训练对足球训练的影响

足球运动要求进行各种距离、方向和速度的横向运动。横向运动是灵活性的一方面，也是足球运动员看重的特质。这种温和的训练可以为球员的下一项训练做好准备。朝两个方向跑动可以平衡两条腿的负重。在进行任何运动的训练时，都要确保膝盖不受伤。

（五）肩膀接触式慢跑和跳动训练

1. 肩膀接触式慢跑和跳动训练步骤

设置与直线慢跑训练的锥体结构。与一位搭档一起慢跑到第一对锥体处，各自向外侧跑动并在中间与搭档碰头，然后向着搭档的一侧跳动以确保肩膀与肩膀接触。弯曲髋关节和膝盖，双脚着地。不要让膝盖碰到一起。与搭档同时跳动和着地。在每个锥体处重复相同的动作。到达终点锥体时，慢跑返回起点。完成两组。

2. 肩膀接触式慢跑和跳动训练锻炼的肌肉

主要肌群。腓肠肌、比目鱼肌、臀大肌、髂胫束（起跳脚）、内收肌（拉伸腿）、股四头肌和腘绳肌。

辅助肌群。腹部核心肌群、腓骨肌和胫骨前肌。

3. 肩膀接触式慢跑和跳动训练对足球训练的影响

膝盖受伤，特别是ACL受伤的主要原因是球员直接双脚着地导致膝盖受伤。这个别扭的位置会导致ACL扭伤，从而撕裂韧带和损伤半月板。The 11+中的很多训练都会教导球员控制着地和断球的方法。这对于中学年龄上下的女运动员特别重要，因为这个年龄阶段最容易造成ACL撕裂。着地时要柔和且平稳，确保膝盖不要受伤。

（六）向前和向后慢跑训练

1. 向前和向后慢跑训练步骤

设置与直线慢跑训练一样的锥体结构。与一位搭档一起快速慢跑到第二组锥体处，然后快速倒退回第一组锥体处。各自向外侧跑动并在中间与搭档碰头，然后向着搭档的一侧跳动以确保肩膀与肩膀接触。弯曲髋关节和膝盖，双脚着地。不要让膝盖碰到一起。与搭档同时跳动和着地。在每个锥体处重复相同的动作。到达终点锥体时，慢跑返回起点。完成两组。

2. 向前和向后慢跑训练锻炼的肌肉

主要肌群。髋关节屈肌、股四头肌、股后群肌、腓肠肌、比目鱼肌和臀肌。

辅助肌群。腹部核心肌群和脊髓伸肌。

3. 向前和向后慢跑训练对足球训练的影响

这个训练比本组中其他训练的速度要快一些。迈出的前脚要稳，同时确保膝盖向前超过脚尖且不会碰到一起。快速慢跑向一个锥体，再快速倒退回去，同时保持良好的平衡和姿势。稳定起跳腿，然后朝着两个锥体快速慢跑。要小步快速跑动，而不是迈着大步走。保持正确的姿势——弯曲髋关节和膝盖——手臂动作幅度尽可能大些。

（七）支撑训练

1. 支撑训练步骤

级别 1：静态支撑训练。

脸朝下趴下，以前臂和双脚支撑身体，肘部必须与肩膀垂直。用前臂撑起身体重量。收腹并保持姿势 20～30 秒。这个静止姿势如果保持足够长的时间，全身的核心肌肉都会紧张。正确的姿势是很重要的，必须确保肘部与肩膀垂直，同时从头部到躯干、髋关节到脚踝的身体各个部位呈直线姿势。不要晃动或弓背。身体向下直到接触到地面，接着重复刚才的动作。

级别 2：交替腿支撑训练。

只需添加髋关节拉伸就可以加大这项基本且重要的肌力训练难度。挑战在于要一直保持身体的直线姿势。这个训练最重要的是姿势。脸朝下趴下，以前臂和双脚支撑身体。肘部与肩膀垂直。以前臂撑起身体重量，收腹。将右腿抬起并保持 2 秒。放下右腿，接着抬起左腿并保持 2 秒。交替双腿运动并持续 40～60 秒。放慢抬起和放下腿的速度可以达到更好的效果。保持身体呈直线姿势。不要晃动或者弓背。重复这个训练，每组时间为 40～60 秒。

级别 3：单腿抬起并保持姿势支撑训练。

这种支撑训练结合了等长运动（保持抬腿姿势）和动态动作（抬起和放下腿），难度更大。保持腿部抬起 20～30 秒会增加脊柱和髋关节拉伸的难度。脸朝下趴下，以前臂和双脚支撑身体。肘部必须与肩膀垂直。以前臂撑起身体重量，收腹。将一条腿抬高 6 英寸（约 15 厘米），并保持姿势 20～30 秒。保持身体呈直线姿势。确保对侧髋关节不下沉，并且不要晃动或弓背。放下腿稍做休息，接着交换腿重复训练。每条腿做两次训练。

2. 支撑训练锻炼的肌肉

主要肌群。腹部核心肌群、脊柱伸肌、臀肌和腘绳肌。

辅助肌群。肩膀稳定肌肉群包括旋转肌群（棘上肌、棘下肌、肩胛下肌、小圆肌）和肩胛稳定肌肉群（大菱角肌和小菱角肌、斜方肌和背阔肌）。

3. 支撑训练对足球训练的影响

支撑有时也称为平板支撑，是一项基本且重要的肌力训练。不要跳过第 1 和第2级别直接进行最难的级别。当可以毫无局部疲劳和不适感轻松完成一个级别时，就可以进入下一个级别的训练。没有预备训练很难直接进行高级别的支撑训练。

（八）侧身支撑训练

1. 侧身支撑训练步骤

级别1：抬臀侧身支撑训练。

侧身躺下并保持着地腿膝盖弯曲成90°支撑。以前臂和膝盖撑起上半身。支撑手臂的手肘必须与肩膀垂直。将上面的大腿和髋关节抬高到肩膀、髋关节及膝盖呈一条直线。保持姿势20～30秒，然后身体往下移动，直到接触地面。稍做休息，换到身体的另一侧并重复训练。身体两侧分别进行两次训练。

级别2：抬臀侧身支撑训练。

这个变体动作添加了臀部移动，增加了核心肌群的负重。侧身躺下，双腿伸直。以前臂和小腿一侧支撑身体重量，保持身体从肩膀到脚部呈直线姿势。支撑手臂的手肘必须在肩膀正下方。髋关节向下移动直到身体接触地面，然后再次抬起。反复训练20～30秒钟。稍做休息，换到另一侧，继续重复训练。每一侧都进行两次训练。

级别3：抬腿侧身支撑训练。

级别3比级别2的挑战性更高。抬腿本来就难度相当高。侧身躺下，双腿伸直。以前臂和小腿一侧支撑身体重量，保持身体从肩膀到脚部呈直线姿势。支撑手臂的手肘必须在肩膀的正下方。抬起上面一条腿，然后慢慢放下。反复训练20～30秒。身体向下移动直到接触地面，稍做休息，换到另一侧，然后重复训练。每条腿都进行两次训练。

2. 锻炼的肌肉

主要肌群。腹部核心肌群、脊柱伸肌、臀肌和腘绳肌。

辅助肌群。肩膀稳定肌肉群（旋转肌群和肩胛稳定肌群）。

3. 侧身支撑训练对足球训练的影响

侧身支撑直接作用于负责横向控制核心肌群的肌肉。忽视这个肌肉群会导致忽视重要的核心控制功能。分三个级别进行支撑训练，不要绕开级别1和级别2直接进入级别3训练。当可以毫无局部疲劳和不适感而轻松完成一个级别训练时，就可以进入下一个级别的训练。

（九）腘绳肌训练

1. 腘绳肌训练步骤

级别1：初级腘绳肌训练

双膝跪在软垫子上。请一位搭档蹲在后面，然后将你的足踝固定在地面。训练过程中，身体从肩膀到膝盖部分必须完全呈直线姿势。可以双手交叉在胸前或者双手做好支撑身体的俯卧撑姿势准备。身体尽可能往前倾，控制腘绳肌和臀肌的动作。当不能再保持姿势时，可以将双手换成俯卧撑姿势来支撑身体重量。重复完成3~5次。

级别2：中级腘绳肌训练

重复7~10次初级腘绳肌训练。

级别3：高级腘绳肌训练

重复12~15次初级腘绳肌训练。

2. 腘绳肌训练锻炼的肌肉

主要肌群。腘绳肌和臀大肌。

辅助肌群。脊柱伸肌和腹部核心肌群。

3. 腘绳肌训练对足球训练的影响

现代比赛的速度显著提升。足球已经成为一项非常适合于体力充沛且爆发力强的运动员的运动。随着技术和战术的发展，伤害也发生了变化。在20世纪70年代，腘绳肌拉伤是很少见的。现在，腘绳肌拉伤已经位列足球耗时受伤前四名。

有些报道显示，专业球队在每个赛季可能出现6次甚至更多的腘绳肌拉伤事件。较微的拉伤会导致球员退场休息几周，而较为严重的受伤可能导致球员停赛4个月以上。

总之，在比赛密集的美国学校和以俱乐部为主的赛季，腘绳肌拉伤可能会导致球员整个赛季停赛。因此，球队必须采取任何可能避免腘绳肌拉伤的措施。这种训练（有时候称为北欧卷曲或俄罗斯腘绳肌）可以有效避免球员腘绳肌拉伤，特别是对于带有旧伤的球员，因此本训练很有必要作为日常训练项目的一部分。力量提高之后就可以增加训练的次数，同时试着控制下压的高度，尽可能接近地面。这个训练不仅可以减少发生腘绳肌拉伤的风险，同时可以增强腘绳肌，从而有助于球员在断球或着地时稳定膝盖和髋关节，为避免膝盖受伤增加另一层保护。

（十）单腿站立训练

1. 单腿站立训练步骤

级别1：单腿抱球站立训练。

抱球会造成部分注意力分散和平衡注意力转移，这样大脑和脊髓区域会更下意识地调节平衡。单腿站立保持平衡，双手抱住足球，将身体和球的重量集中到站立腿的脚上。保持膝盖不要碰到一起，坚持30秒。换腿然后重复训练。每条腿训练两次。可以在腰部或抬起的膝盖上运球来增加训练难度。

级别 2：单腿站立并向搭档扔球。

级别 2 的平衡训练通过向搭档扔球来分散注意力提高难度。接球者必须观察和跟踪扔过来的球，预测球飞出的路径并做出反应，同时调整身体位置、平衡和姿势以便最后接住球。与搭档之间的站立距离为 2～3 码（约 2～3 米）。两人都必须单腿站立，双手抱球。在保持平衡和收腹的同时，将球扔向搭档。将体重集中在站立腿的脚上。保持膝盖稍微弯曲，但是双膝尽量不要碰到一起。将注意力放在控制站立脚的这个支撑膝盖上，保持膝盖不要前后晃动。反复扔球 30 秒。交换腿接着重复训练。每条腿训练两次。

级别 3：搭档测试单腿站立训练。

级别 3 平衡训练更具挑战。与搭档面对面间隔一个肩膀的距离单腿站立。这时两个人都会尝试保持平衡。可以轮流从不同的方向推对方，使对方失去平衡。使用一只手或双手从不同的方向轻触对方，从而使对方失去平衡。必须快速地接触和做出相应反应。保持体重集中在站立腿的脚上，同时膝盖不要碰到一起。目标是保持平衡和锻炼支撑脚这一侧的膝盖。控制训练幅度；这个训练很容易出现失控状况。保持训练 30 秒，然后交换腿。每条腿完成两组。

2. 单腿站立训练锻炼的肌肉

主要肌群。髋关节屈肌（腰大肌和腰小肌、髂肌和股直肌）、髋伸肌（臀大肌和腘绳肌）、阔筋膜张肌、缝匠肌和髂胫束。

辅助肌群。腹部核心肌群和脊柱伸肌。

3. 单腿站立训练对足球训练的影响

作为直立行走的人，需要不断地保持平衡并保证重心高于支撑面。当重心在支撑面适度半径之外时，必须做出反应并改正，否则就会跌倒。平衡是一个复杂的生理过程，它集合了大脑和脊髓的运动环境感应和反应模式。在做出反应之前，大脑的特定区域会在很短的时间对比预定和实际的动作信息。很多膝盖受伤的发生都是由身体失衡时反应不够快导致。单腿站立、深蹲可以改善人们在不同运动中的平衡和膝盖控制。

（十一）深蹲训练

1. 深蹲训练步骤

级别 1：脚跟抬起深蹲训练。

腿部力量提升包括三个难度逐级增加的训练。这是第一个级别训练。双脚分开与髋同宽站立。双手放在两侧髋骨上。想象着坐在椅子上的感觉。髋关节和膝盖弯曲呈成 90°，往下深蹲。不要让膝盖碰到一起。慢慢往下然后快速直腰往上。

当双腿完全站直时，将脚跟往上抬起，然后慢慢往下回到开始位置。完成两组训练。

级别 2：弓步行走训练。

级别 2 的训练是弓步行走，主要是单腿动作。最好是让教练在前面观察你的动作以保证技巧正确。弓步行走可以明显提高股四头肌、髋关节屈肌和腹股沟的柔韧性。双脚分开与髋同宽站立。双手放在两侧髋骨上。慢慢朝前弓步行走。在行走时，弯曲前腿直到髋关节和膝关节弯曲为成 90°，同时后腿膝盖接近触碰地面。不要扭伤前腿膝盖。保持上身直立，抬头且髋关节不晃动。注意前腿膝盖位于脚面上方，但不要超过脚尖。保持膝盖不会前后晃动。弓步行走时深吸气，站直时呼气。很多人在每个弓步行走之间都要稍做暂停。在到达终点之后交换腿训练（每条腿大约训练 10 次），然后慢走回到起点：在球场上完成两组训练。

级别 3：单腿深蹲训练。

级别 3 训练是相当有挑战性的。单腿深蹲并保持未着地腿的膝盖位于站立脚面上方，这可能是所有训练中膝盖最难成功控制的。让教练在前面观察并提醒是否很好地控制膝盖。在搭档旁边一起训练，两人都单腿站立，然后轻轻抓住彼此以保持平衡。尽可能保持躯干直立，慢慢弯曲膝盖，角度尽可能大但不超过成 90°。注意避免膝盖碰到一起。慢慢弯曲膝盖，在伸直时速度稍微快一些，保持髋关节和上半身呈直线姿势。重复训练 10 次，然后交换腿训练。每条腿完成两组训练。

2. 深蹲训练锻炼的肌肉

（1）主要肌群有髋关节屈肌、臀大肌、股四头肌、腓肠肌和比目鱼肌。

（2）辅助肌群有腹部核心肌群、脊柱伸肌和腘绳肌。

3. 深蹲训练对足球训练的影响

这个预防方案的另外一个部分是控制球员在断球或跳跃时的着地方式。球员以直立姿势硬着地会产生膝盖受伤风险。为了避免这种风险，球员必须学会软着地，减少髋关节、膝盖和足踝的冲击力。软着地要求球员具备良好的脚踝灵活性，因为膝盖和髋关节无法取代足踝的作用。在序言中还阐述了另外一个关于连接的例子。另外一个看法是，硬着地的球员没有力量减少冲击力。

（十二）跳跃运动训练

1. 跳跃运动训练步骤

级别 1：垂直跳训练。

双脚分开与髋同宽站立，双手放在两侧髋骨上。想象将要坐在椅子上的感觉。慢慢弯曲双腿，直到膝盖恰好弯曲到成90°，保持2秒。不要让膝盖碰到一起。以这个深蹲姿势尽可能高地跳起。稍微弯曲髋关节和膝盖，前脚掌轻轻落回原地。重复这个训练30秒。休息一下，接着再完成一组训练。

级别2：侧身跳训练。

级别2不仅是难度较高的单腿着地，而且还增加了侧身动作。侧身跳然后单腿着地非常类似于足球运动中的方向改变（断球）。训练比比赛中的断球速度明显慢很多。训练中重要的是正确的姿势，而非速度。单腿站立，上半身沿着腰部稍微往前弓，膝盖和髋关节也稍微弯曲。从支撑腿到摆动腿侧身跳动的距离大概是1码（约1米）。前脚掌轻轻着地。着地时要弯曲髋关节和膝盖，同时膝盖不要碰到一起。控制躯干保持稳定。最新的研究显示，躯干控制不好会比摇晃的膝盖更先着地，因此能够很好地控制躯干的球员也可以很好地控制膝盖。

在每次跳跃时保持平衡。注意不要发生轻微的躯干转动、脊柱侧弯或两者同时出现的错误。同时注意手臂是否为了保持平衡出现相反动作。如果无法控制躯干，可以减少侧身跳动的距离。只有做到可以控制躯干，才可以增加跳跃的侧身距离。重复这个训练30秒，休息一下，再完成另一组训练。

级别3：跳箱训练。

级别3包括前后、左右和对角线方向双脚着地动作。双脚分开与髋同宽站立。想象着地面上画有一个十字交叉图，自己站在交叉图正中间。交替着向前后、左右以及对角线方向跳动。尽可能快且有爆发力地跳动。膝盖和髋关节必须稍微弯曲。前脚掌轻轻落下着地。膝盖不要碰到一起。以正确的着地技巧在交叉中点到点地跳动。平稳地着地，减少足踝、膝盖和髋关节的冲击力。重复训练30秒，休息一下，再完成另一组训练。

2. 跳跃运动训练锻炼的肌肉

主要肌群。臀大肌、股四头肌、腓肠肌和比目鱼肌。

辅助肌群。腹部核心肌群和脊柱伸肌。

3. 跳跃运动训练对足球训练的影响

着地时的膝盖控制是避免受伤的主要因素。这些简单的增强式训练可解决着地问题（增强式训练刚好在肌肉收缩之前拉伸肌肉）。轻轻且稳定地着地可以减少足踝、膝盖和髋关节的着地冲击力。保持膝盖位于脚面上方，并且不让双膝相碰。

往下跳时，不要双腿直直地硬着地。这种情况特别常见于初中和高中时期的女性运动员。薄弱的腘绳肌和着地的冲击力会导致一些球员直接硬着地。僵硬的直腿着地会导致胫骨前移，从而对ACL产生压力。当膝盖接近于直线姿势时，腘绳肌在稳定胫骨前移时会处于结构上的劣势，从而造成ACL受伤。当膝盖弯曲时，冲击力不会造成胫骨前移；膝盖的屈曲能力越强，发生ACL拉伤的概率就越低。

（十三）跑过球场训练

1. 跑过球场训练步骤

以最大速度的75%～80%，从球场的一边跑到另一边。慢跑回来，然后再跑一次。

2. 跑过球场训练锻炼的肌肉

主要肌群：髋关节屈肌、股四头肌、腓肠肌和比目鱼肌。

辅助肌群：腘绳肌、腓骨肌和胫骨前肌。

3. 跑过球场训练对足球训练的影响

大约2/3的比赛都是以行走和慢跑的形式进行的。有些人将之称为位置强度，即在球场上根据球和球员的移动调整自身位置。剩下1/3的比赛则是较快的速度。这些较快的速度（跟跑和冲刺）被称之为战术强度，发生在球员们齐心协力进攻或防守时。热身运动是为接下来的训练所做的准备，其中包括攻击或防守的战术训练。这些较高强度的跑动可以很好地为接下来更艰难的跑动做好身体准备。忽视较高强度的跑动，直接进入高强度训练会造成训练强度发展过快，从而增加受伤的风险。

（十四）跳跃训练

1. 跳跃训练步骤

以高跳跃的步伐跑动，抬高膝盖并以前脚掌轻轻着地。每一步都大幅度摆动手臂（手臂和腿的方向相反）。前腿不要超过身体中心线或者膝盖不要碰到一起。反复训练直到到达球场的另一边，再慢跑回来以恢复体力，接着再跑一次。

2. 跳跃训练锻炼的肌肉

（1）主要肌群。髋关节屈肌、股四头肌、腓肠肌和比目鱼肌。

（2）辅助肌群。腘绳肌、腓骨肌和胫骨前肌。

3. 跳跃训练对足球训练的影响

这个训练类似于田径运动员的训练。每一步都是着地腿用力蹬地，摆动腿的膝盖尽可能朝上，往前迈一大步。腿部的运动还伴随着大幅度的手臂摆动。保持躯干稳定和直立。前腿不得超过身体中心线。保持膝盖位于前腿脚面之上，使之在着地时不会外翻。

（十五）定点断球训练

1. 定点断球训练步骤

慢跑4或5步，固定外侧腿，铲腿以改变球的方向。在减速之前，以最大速度的80%～90%加速冲刺5～6步，接着固定外侧腿并朝相反方向铲腿。固定外侧腿时，不要让膝盖碰到一起。重复训练，直到到达球场的另一边，然后慢跑回来再训练一次。

2. 定点断球训练锻炼的肌肉

（1）主要肌群。髋关节屈肌、股四头肌、腓肠肌和比目鱼肌。

（2）辅助肌群。腘绳肌、腓骨肌和胫骨前肌。

3. 定点断球训练对足球训练的影响

这是一个关于灵活性的训练。很多人认为必须尽可能快地训练灵活性，但是当侧重速度时，形式和姿势往往会发生变化。在这种情况下，正确的形式、姿势和膝盖控制比速度更重要。这个训练要求较快的速度，但是不能以牺牲形式来追求更快的速度。稳定地固定外侧腿，减少冲击力对足踝、膝盖和髋关节的影响，然后以相反的方向角度冲刺。

四、足球运动的力量训练

力量训练大多都是隔离训练，它们的设计目的是将动作隔离到特定的肌肉或肌肉群上。这样的训练能够非常有效地确保特定的肌肉及其动作能够在训练过程中得到充分锻炼。

不过在体育运动中各种动作几乎都不是隔离的。在比赛中，进攻性和反应性的动作涉及多个关节和多块肌肉协调工作来达到某一目的，比如从简单的开角球前弯腰把球放好到高度复杂的落脚、切球以及单点旋球。通过补充训练或者甚至所谓的功能训练来模仿体育运动中的每一个动作是不大可能的。与真正的运动本身相比，应该花更多时间来训练每个动作。

本书中的训练粗略地探索了更加复杂的多关节活动的可能性。尽管这些训练几乎没有模仿任何特定的体育运动，但是每项训练所涉及的动作都是大部分体育运动的共同动作，包括足球运动。因为足球运动的力量主要来自小腿及足部，所以所有这些训练都致力于改善腿部的力量，包括奔跑、切球、断球、跳跃以及保持静止和反应性平衡等动作所需的腿部力量。

在体育训练中加入复杂的补充动作非常重要。比如计划落右脚然后向左切，但是鞋钉未能按预期插入地面或者插入太深，为了保持身体平衡，运动员的反应将是稍微向前跳以调整身体姿势，正是这一微调会让身体恢复平衡。大部分动作和反应都是由小脑和脊索神经来处理的。如果所有的补充训练动作都是简单的单关节、单肌肉群动作，身体将失去宝贵的机会，从而不能通过训练适应性来为技术性动作提供支持。

一条简单但放之四海而皆准的法则是10年1000小时法则，它的意思是真正的精英在10年时间里投入1000个小时到他所选的领域中才能最终成就他的精英地位。尽管为期数年的训练中大部分时间都是学习战术，但是大部分神经肌肉训练都是为了学习仅使用必要的肌肉细胞来展示技术的能力。

在拍球的过程中，人们会用到整个身体——躯干、臀部、腿部、肩部和胳膊。身体的各个部位都随着球的上下运动而动起来。随着水平的日益提高，他们懂得了拒绝不必要的肌肉细胞参与运动，最终仅使用最低限度的肌肉细胞。

在专业的足球比赛中，奔跑中的中锋会给正在大步跑的队友传球。传球的队员必须估计自己的速度和接球队友的速度，决定如何传球（是否使用旋球，从空中还是地面传球，用脚什么部位踢球）以及击球力量的大小（不要太重以免超过了接球者的速度，不要太轻以免接球者跑过头了）。所有这些决策都不是有意识地决定的。它们都是由潜意识来处理的，并且仅使用必要的肌肉细胞来让困难的传球变得简单。

10 年 1000 小时法则让运动技能变成条件反射性和无意识性，这样有意识的大脑可以将精力集中在策划、预测、反应、调整以及所有其他属于战术执行功能范围的其他行为。除了选择传球对象是有意识的战术决策之外，中锋的所有其他决策都是自动的、无意识的。

（一）背靠背深蹲训练

1. 背靠背深蹲训练步骤

(1) 进行此项训练需要找到一位体型和身高相当的搭档。与搭档背靠背站立，双脚叉开与肩同宽。

(2) 双方把肘部对勾起来，然后让彼此的背部靠紧，就像靠在墙上一样。双方的后脚跟之间应该留出 0.6 米的间距。

(3) 双方同时下蹲，直到膝盖成 90°角。然后恢复到站立位置。

2. 背靠背深蹲训练锻炼的肌肉

主要肌群。股四头肌（股内侧肌、股外侧肌、股中间肌和股直肌）和臀大肌。

辅助肌群。腘绳肌（股二头肌、半腱肌和半膜肌）、内收肌（长收肌、短收肌、大收肌、耻骨肌和股薄肌）、竖脊肌、腓肠肌和比目鱼肌。

3. 背靠背深蹲训练对足球训练的影响

足球需要瞬间的爆发性动作：守门员救球时从球门的一侧一跃而起扑向另一侧，防守队员腾空跃起躲过拦截，或者前锋跳起用头顶球。所有这些动作都需要髋伸肌、膝伸肌和踝关节跖屈肌瞬间输出大量力量。要想跳得最高或最远，必须依靠强壮肌肉的协调运动。对所有运动员而言，练习这样的深蹲动作是必须的，因为它们能够强化比赛中经常用到的肌肉和动作。尽管可以单独训练每个肌肉群，但是像深蹲这样的复合动作能够更好地模拟比赛情景。

（二）背搭档深蹲训练

1. 背搭档深蹲训练步骤

（1）选择身高和体重一样的搭档。在选择搭档的时候要小心，因为这项训练可能会损伤膝盖。该训练不仅是锻炼上升下沉的力量，还锻炼平衡能力。让搭档爬上你的背部，就像小孩趴在大人的背上一样。

（2）双脚舒适地叉开，让搭档处于背部的中央（你很可能需要稍稍向前倾），然后开始半深蹲锻炼，让膝盖向下弯曲成45°角。膝盖弯度不要超过成90°角。

（3）慢慢下蹲。下蹲到最底部的时候稍微暂停一下，然后再恢复到开始的位置，并重复练习。在重复练习完成之后，与搭档调换位置。

2. 背搭档深蹲训练锻炼的肌肉

（1）主要肌群。股四头肌和臀大肌。

（2）辅助肌群。内收肌、竖脊肌和腹部核心肌群（腹外斜肌、腹内斜肌、腹横肌和腹直肌）。

3. 背搭档深蹲训练对足球训练的影响

传统的深蹲训练有许多种变体。许多体育运动的补充训练项目通常都包含有深蹲训练，其原因之一是它们能够运用多块肌肉和多个关节来完成动作以及保持平衡。深蹲训练用到的主要的肌肉群是股四头肌和臀大肌，前者锻炼膝关节的伸展能力，而后者锻炼髋关节的伸展能力。进行任何深蹲练习的最重要方面之一是姿势。正确的姿势在深蹲的过程中能够锻炼主要的腹肌和骶棘肌。增宽双脚的距离能够让内收肌得到更多的锻炼。千万不要小瞧这些肌肉，它们在比赛中身体密切接触时产生关键的力量。拥有更强壮的臀肌、背肌、腹肌和股四头肌的运动员在抢球或其他一对一挑战时将拥有明显的优势。

（三）分腿深蹲训练

1. 分腿深蹲训练步骤

（1）单腿站立。另一条腿往后伸，将脚踝或胫骨放在健身球的顶部。

（2）在用后腿向后滚动球的同时，将前腿膝盖弯曲成大约90°角。

（3）恢复到起始位置。

2. 分腿深蹲训练锻炼的肌肉

（1）主要肌群。股四头肌和臀大肌。

（2）辅助肌群。腘绳肌、内收肌、竖脊肌、腓肠肌和比目鱼肌。

3. 分腿深蹲训练对足球训练的影响

弯曲前膝，然后将球向后滚一点，防止前膝位置超过脚尖。在足球运动中会反复强调膝盖的运动控制，而此项训练是测试在功能性运动中你对膝盖的控制能力的好方法。膝盖不应该往左或往右摆动，也不应该完全盖住脚部。类似于此的训练所需的力量和平衡应该能够在切球或跃起落地时发生的弹性动作和反应动作中帮助控制身体下部，甚至能够为膝盖提供额外保护。这项训练需要良好的平衡和强健的股四头肌，只要缺少其中一样，就不适宜最先选择该训练，而是应该等到两样都达标才选择。一边手提一个哑铃或者将卸下来的杠铃放在肩膀上，随着肌肉的强健而增加重量，这样能够让该项训练的难度更高。

（四）低跨栏训练

1. 低跨栏训练步骤

（1）在一条直线上设置一系列跨栏，每道跨栏之间间隔 1~1.5 米。

（2）走到第一道跨栏前一两步的地方，然后跳过跨栏。使用双脚起跳双脚着地的方法。同时，需要将双腿缩到胸前，以便从跨栏上跳过去。

（3）接下来连续跳过后续的跨栏，尽量缩短每次跨栏期间双脚踩地的时间。要将这一系列动作想象成一系列的弹跳，而不是单独的跳跃。

2. 低跨栏训练锻炼的肌肉

（1）主要肌群。臀大肌、臀中肌、股四头肌、腓肠肌和比目鱼肌。

（2）辅助肌群。髋部屈肌（股直肌、腰大肌、腰小肌、髂肌、缝匠肌）、竖脊肌、三角肌和腘绳肌。

3. 低跨栏训练对足球训练的影响

重复跳跃是各代足球运动员的共同训练任务，并且让运动员在许多方面受益。例如，每次起跳都帮助提升腿部的跳跃力量。如果有教练监督并传授落地的各种形式，每次落地都指导运动员如何安全地从跳跃中落地。此项训练的整个过程中都需要功能性和反应性平衡。了解腿的长度以及刚好跨过每道栏所需的力量能够防止运动员落地过重或耗力过多。

此项训练还涉及肌肉增强训练，因此是改善跳跃能力的最佳功能性训练之一。（肌肉增强训练在伸展肌肉之后马上收缩肌肉。这能让后续的跳跃更高。下蹲之后暂停一下再跳跃肯定比不上下蹲之后马上跳跃高。暂停削弱了下蹲动作产生的张力。）此项训练的特点是每次跨栏跳跃都是相互促进的，但是也可以通过跑敏捷梯、折返跑或之字跑来实现该目的。目前还有一些教练让运动员跳过球体，但不建议这样做，因为跌落在球上可能会导致各种伤害。

（五）蹬步训练

1. 蹬步训练步骤

（1）站在高度在胫长和膝高之间的凳子或箱子的前面。正手抓住卸掉重量的杠铃横杠并放在肩膀上。

（2）将起踏腿踏在凳子或箱子上。继续升起直到起踏腿变直，但同时抬起后腿，让其膝盖弯曲，直到大腿与地面平行。后腿不接触凳子或箱子。

（3）向后踏步降落，后腿先落。

（4）变换大腿并重复，以不同的大腿为起踏腿。

2. 蹬步训练锻炼的肌肉

（1）主要肌群。股四头肌、臀大肌和臀中肌。

（2）辅助肌群。竖脊肌、腘绳肌、腓肠肌、比目鱼肌和内收肌。

腿部：整体力量训练。

3. 蹬步训练对足球训练的影响

大部分人都有一条惯用腿，当两条腿都同时运动的时候，它要比非惯用腿用得多。与同时锻炼两条腿的训练相比，单腿训练有一些优势。单腿训练时每条腿都必须全力以赴，这样两条腿都得到同等的锻炼。尽管所花的时间要多一点，但避免了惯用腿分担非惯用腿的工作。单腿训练的好处不止于提升力量。两条腿都必须能够很好地控制膝部运动和全身平衡运动，这两个重要因素能够预防受伤，尤其是膝部受伤。要额外注意安全姿势和重心稳定。

（六）前跨步训练

1. 前跨步训练步骤

（1）正手抓握起杠铃。站起来将杠铃放在肩膀上。

（2）向前跨出一步。要跨得足够远，当跨步动作完成之后，前腿的膝盖应该成90°角，且其大腿与地面平行。后腿的膝盖应该快要接触地面。

（3）收步回到起始位置。用另一条腿重复同样的动作。每次跨步都要换腿。

2. 前跨步训练锻炼的肌肉

（1）主要肌群。臀大肌、臀中肌和股四头肌。

（2）辅助肌群。竖脊肌、腘绳肌、腓肠肌、比目鱼肌和内收肌。

3. 前跨步训练对足球训练的影响

此项训练主要锻炼髋部和腹股沟的动态灵活性，而这里的跨步使用杠铃横杠在同一个地方完成。这一变化更加注重力量训练，况且一些训练专家还根据许多不同体育运动的需求创造了同心、离心和平衡项目，从而使它变得非常有价值。让背部保持挺直，且保持抬头向前看。跨步结束的时候，在脚轴方向上不要让前膝盖超越脚尖的位置或摆动。力量不足或疲劳将会影响该动作的正确完成。如果做正确跨步动作有点力不从心，则减少负重并缩短跨步的距离，或者在每次跨步之间安排更长的恢复时间来预防疲劳。

（七）守门训练

1. 守门训练步骤

（1）站在一张矮凳子的面前，双手握住一个足球。

（2）起踏腿以平滑的动作踏到凳子上，继续保持上升动作直到起踏腿的膝盖完全伸展开。在将双臂向头顶完全高举的同时，尽量高抬另一条腿弯曲的膝盖。

（3）以平滑的反动作复原，并回到起始位置。

（4）换另一条腿并重复，以另一条腿为起踏腿。每次重复动作都换腿。

2. 守门训练锻炼的肌肉

（1）主要肌群。股四头肌、臀肌（臀大肌、臀中肌和臀小肌）、腓肠肌、比目鱼肌、三角肌、肱三头肌和胸大肌。

（2）辅助肌群。腘绳肌、竖脊肌、斜方肌和前锯肌。

3. 守门训练对足球训练的影响

顾名思义，这项训练对守门员有极大的帮助，但是对所有其他运动员也同样有用。想象一下要奔跑起跳接住空中的球所需的各种关键动作。场上运动员和守门员的主要区别是后者需要用胳膊和手来接球。场上运动员和守门员都必须接近球、计划最佳时间点、决定用哪条腿起跳最好，以及伸展身体并从地面跃起以在跃起的最高点接触到球，然后安全着地。此项训练的重点包括起跳和起跳前的各种动作，并且是在一项功能性任务中高效地进行各项独立的下肢训练的方法。

（八）弹球跳跃训练

1. 弹球跳跃训练步骤

（1）完成此项练习需要一个搭档。面对搭档，搭档手里持有一只足球。

（2）搭档尽力往地面拍球。你双脚离地跳起，在跳跃的最高点接住球。

（3）确保落在原位上。在接触地面的时候，不要让膝盖在脚上方前后滑动。

（4）为了避免频繁地尽力跳高带来的疲劳，最好与搭档交替进行跳跃。

2. 弹球跳跃训练锻炼的肌肉

（1）主要肌群。股四头肌、臀肌、腓肠肌、比目鱼肌、三角肌、肱三头肌和胸大肌。

（2）辅助肌群。腘绳肌、竖脊肌、斜方肌和前锯肌。

3. 弹球跳跃训练对足球训练的影响

弹球跳跃训练可以看作是实际上不需要离开地面的守门训练的功能性拓展。弹球跳跃训练需要精确的时间估计，因为短时间之内就要到达起跳点、起跳、在跳跃的最高点接住球，就像比赛中守门员的实际动作一样。这通常需要跳跃者进行一些移动（因为球的弹跳很少是直上，并且需要根据球的下降过程和起跳点正确估计时间，以便能够在尽可能高的地方接到球。许多训练在落地时都需要脚上方的膝关节弯曲，以便膝部不来回滑动。尽管所有注意力都在跳跃和接球上，但不要忘记落地。尽量要安静地落地，吸收掉撞击带来的冲力。许多运动员都喜欢此项训练中的这些挑战——弹跳、跳跃和落地。

（九）仰卧器械深蹲训练

1. 仰卧器械深蹲训练步骤

（1）调整器械，使坐上去时膝盖的弯曲稍小于成90°角，双脚之间的距离与肩同宽。

（2）将双脚放置在踏板上，且不要让膝盖遮挡住脚。将背部和头部靠在靠背上，让双肩对准并压入肩垫中，抓住把柄。

（3）呼气时双脚前脚掌蹬住踏板，让靠背向后移动，直到臀部和膝盖完全伸展开。

（4）稍做暂停之后，吸气并让膝盖慢慢恢复到成90°角。该动作不要像开始的动作那么快。

（5）完成最后一次重复之后，慢慢将靠背恢复到开始的位置。

2. 仰卧器械深蹲训练锻炼的肌肉

（1）主要肌群。股四头肌、臀大肌和臀中肌。

（2）辅助肌群。腓肠肌、比目鱼肌、内收肌和腘绳肌。

3. 仰卧器械深蹲训练对足球训练的影响

深蹲训练通过大幅度的运动来锻炼多块肌肉和多个关节，同时对姿势和平衡严格要求——训练的付出将换来力量的增加。现代的赛场和以前一样大，但运动员的个头越来越大，加之速度也越来越快，从而使得赛场显得更加拥挤了。因此运动员之间的身体接触不可避免，强壮的运动员对撞击准备得更充分，并且能够抢到或维持控球权。因此，每位运动员都必须为不可避免的身体接触做好充分的准备，因为在高水平的比赛中接触更是不可避免。

（十）伐木训练

1. 伐木训练步骤

（1）站在离高滑轮拉力器不远处的一侧。举起双臂，用双手抓住训练器的绳子、带子或把柄。

（2）开始往下拉绳子，让绳子越过身体。当双手已经过肩膀的时候，扭转躯干并收紧腹肌。在继续把绳子向对侧的膝盖方向拉的同时稍微弯曲双膝。

（3）缓慢地、有控制地反转刚才的动作，恢复到起始位置。在完成预定的重复次数之后，转过身来在另一个方向上重复刚才的训练。

2. 伐木训练锻炼的肌肉

(1) 主要肌群。腹直肌、腹外斜肌、腹内斜肌、三角肌、背阔肌和胸大肌。

(2) 辅助肌群。股四头肌、臀肌、大圆肌和前锯肌。

3. 伐木训练对足球训练的影响

这项涉及全身的训练有许多好处。该训练在一步一步地协调动作中运用到躯干肌肉、臀肌和股四头肌。它没有捷径可走，因为前一个动作是后一个动作的基础。从表面上看，胳膊和腹部是关键受力点，但是腿部也起到非常重要的作用，因为它们是各个动作之所以能够发生的根基。要注意膝盖在脚上方的姿势，不要让膝盖前后滑动。该项训练是很好的功能性训练，它涉及多块肌肉和多个动作。这样的多关节运动是非常有用的补充练习，它符合类似于足球这样的团体运动对全身素质的要求。一些训练教材没有包括躯干弯曲和深蹲，使它变成纯粹的胳膊伸展和躯干转动训练。

五、足球运动的手臂、胸部、腹部训练

(一) 手臂训练

现代的足球技巧由传球和控球组成。控球技术要求球员能防止对手抢球。控球球员可以在比赛规则允许的情况下使用手臂，从而使控球球员看起来更强大、截球的难度更高，更有助于控球球员控球。有一种日渐流行的4—5—1踢法，这种踢法要求前锋具备良好的控球能力，可以将球传给快速跑上来的中锋队友。球员在防守压力下的有效控球可以为比赛争取到很多的时间。

上肢可分为三部分，上臂的主要骨头是肩关节到肘关节的肱骨。前臂是肘部到手腕部分。前臂包括桡骨和尺骨两部分。手和手腕构成了第三部分。手腕有8块骨头，而手有19块骨头。

1. 骨头、韧带和关节训练

肱骨是上臂的一块骨头。在靠近躯干的一端（这里是肱骨肩膀端）有一个接合肩胛骨关节窝的圆头。圆头周围就是胸部和上背肌肉附着的区域。上臂从肩膀到手肘，肱骨基本上是很平滑的，三角肌和其他肌肉附着在肱骨变宽并形成手肘上半部分之前的那一段。

前臂的两块骨头分别是尺骨和桡骨。尺骨靠近小指，桡骨则在拇指一侧。前臂的独特功能是可以向外（或向后）和向内（或向前）转动手掌。(其实很容易记：端汤时，手掌向上）当手掌向上时，这两根骨头是平行的；当手掌向下时，桡骨交叉于尺骨之上。尺骨靠近手肘或关节的一端是一个环绕肱骨螺旋状表面的钩状物。(用手触摸手肘，关节背后的节点就是尺骨。）桡骨上端有一个扁平凹

槽，接合着肱骨下端的圆形凸状物。这两块骨头环绕肱骨移动以进行屈肘（减小肘关节角度）和伸肘（增加肘关节角度）。手掌向下是指桡骨的扁平凹槽端将尺骨旋转到掌心向下位置（手腕处也有类似动作）。严格来说，是前臂而非手肘转动导致手掌向下和手掌向上。许多韧带维持了关节的完整性，但是韧带也容易受到网球肘和少年棒球肘等损伤。位于桡骨和尺骨之间的强壮韧带可以保持前臂骨头平行，并加宽前臂的肌肉附着区域。

手腕和手的结构非常复杂，在“尺骨和桡骨平行、手掌向前”这个解剖学角度看得最清楚。手腕由两组平行骨头（腕骨）组成，每组腕骨有4块小骨和一些连接相邻骨头两端的小韧带。近侧列腕骨与尺骨和桡骨的下端相连，桡骨越大连接会越好。手腕的动作包括屈腕和伸腕以及独特的手尺侧倾和手桡侧倾动作。手尺侧倾指的是手向尺骨弯曲（即减小小指和尺骨之间的角度）；手桡侧倾指的是手向桡骨弯曲（即减小拇指和桡骨之间的角度）。远端那组腕骨连接着5块构成手掌的掌骨。这些掌骨从拇指开始分别编号为Ⅰ~Ⅴ，都连接着一个手指（或拇指）。4个手指由3块指骨（近端指骨、中间指骨和远端指骨）构成，而拇指则有两块指骨（近端指骨和远端指骨）。

2. 肌肉训练

所有肌肉都有两个附着点。起点是固定端；止点是活动端。在绝大多数情况下，活动肌肉会发生起点牵拉止点的收缩。清楚骨骼的解剖和肌肉的起点和止点可以了解肌肉的动作或骨头围绕特定关节的移动方式。上肢的肌肉主要作用于手肘、前臂、手腕和手指，但是在一些情况下也会影响肩膀。

3. 手肘动作肌肉训练

手肘可以弯曲和伸展。上臂的肱三头肌控制手肘伸展。Triceps（肱三头肌）指肌肉的三个头，而Brachii（臂）指上臂部位。（很多肌肉的命名是描述性的，你只要稍懂拉丁语就可以明白。）长头是沿着上臂后面下来的中间肌肉。它的起点刚好在肩胛骨的关节窝下面。内侧和外侧头的起点在肱骨的长传动轴上。屈伸肌腱将这三个头附着到手肘节点上。当肱三头肌将止点拉向起点时，就会拉动尺骨，出现前臂伸展。肱三头肌的长头还可以交叉肩膀和帮助肩膀伸展。

前臂伸展的相反动作是前臂弯曲。上臂的肱二头肌控制前臂弯曲。Biceps（肱二头肌）指肌肉的两个头。这两个头都在肩胛骨上。一个头在关节窝的上面，刚好与肱三头肌的长头相对，而另一个头在肩胛骨上的另一个位置上，位于三角肌下面。这两个头构成了肱二头肌的肌腹，而这块肌腹嵌入在一块肉眼可见且手可触摸的桡骨肌腱上。

肱二头肌下面的第二块前臂屈肌是肱肌。它起始于肱骨前侧，止于尺骨前侧，刚好越过尺骨钩。第三块屈肌是肱桡肌，起始于肱骨上端，止于桡骨茎突的底部外侧。这三块肌肉控制着前臂的屈伸。

肱二头肌止于靠近桡骨处。它收缩时，会首先向前转动前臂，然后才是前臂弯曲。当前臂向前转动时，肱二头肌会努力屈曲。但是，当向后转动前臂时，肱二头肌肌腱会稍微环绕桡骨，因此它首先会向后旋转。向后转动右手，然后将左手放在肱二头肌上；这样你就可以感受向前转动前臂时肱二头肌的收缩。

注意，肌肉以相互对抗的形式灵活地运作——一组肌肉弯曲则另一组肌肉伸展。彼此之间相互对抗的肌肉称为拮抗肌。协同执行同一动作的肌肉称为主动肌。

4. 手腕和手部肌肉训练

手部的灵巧是人体工程的奇迹。嵌入手腕、手部和手指的大量前臂肌肉控制着精细动作的完成。大部分前臂肌肉起始于肱骨下端内侧或边侧的肌腱。在手肘两侧就有很多这样的小凸块；而手肘内侧的小凸块可以看作是尺骨端。前臂的肌腱上有一块被称为韧带的硬肌腱组织，它环绕在手腕的袖口位置上。

执行屈曲的肌肉主要起始于前臂前侧的中间凸块。伸肌起始于外侧凸块，向下延伸到前臂后侧。这里还有大量深层肌肉。大多数前臂肌肉的命名方式分为动作（屈曲或伸展）、位置（尺侧或桡侧）和嵌入点（腕、趾、拇指、食指或小指）。名称中带有 Radialis（桡骨）的收缩肌肉执行手桡侧倾。而名称中带有 Ulnaris（尺骨）的肌肉执行手尺侧倾。手部上大量的小内附肌协助这些肌肉运作，同时执行摊开手指和移动拇指等动作。

执行手腕弯曲的肌肉分别是桡侧腕屈肌、掌长肌和尺侧腕屈肌。而执行手腕伸展的肌肉分别是桡侧腕长伸肌、桡侧伸腕短肌和尺侧伸腕肌。执行手指屈曲的肌肉分别是指浅屈肌、指深屈肌和拇长屈肌。执行手指伸展的肌肉分别是指伸肌、小指伸肌、食指伸肌、拇长伸肌和拇短伸肌。

5. 滑轮下拉训练

（1）滑轮下拉训练步骤。坐在高拉滑轮机上，将座位调整到适合自己的身高。调整座位，衬垫保护。训练过程必须一直坐在座位上。

双手抬起，正手抓住拉杆。弯曲手肘将杆往下拉到下巴下面，胛骨。接着继续将杆往下拉。

慢慢将重量恢复到开始位置。

（2）滑轮下拉训练锻炼的肌肉。

1）主要肌群有背阔肌和大圆肌。

2）辅助肌群有肱二头肌、肱肌和抓住杆的前臂肌肉。

（3）滑轮下拉训练对足球训练的影响。根据裁判规则，伸出手臂抓住对手是犯规的行为，但是在比赛胶着的状态下，手臂和肩膀仍然必须足够强壮才可以抵抗对手。在带球突破防线时，使用手臂可以保持平衡和距离。手臂和肩膀的肌肉组合可以做到这一点。仔细观看现代比赛中的前锋，他们的手臂和肩膀上的肌肉都非常发达。在一些使用滑轮系统的仪器设备中，训练时可以跪着面向设备。随着力量的提高和抗阻力的增强，可以让一位球员搭档站在你后面，压住你的肩膀让你保持着地姿势。

6. 坐姿三头肌伸展训练

（1）坐姿三头肌伸展训练步骤：

1）坐在低靠背的椅子或者没有靠背的凳子上。双腿叉开，膝盖弯曲，双脚平放在地上。

2）双手手掌朝内分别握住哑铃，同时保持垂直姿势。

3）手肘朝天花板方向抬起。弯曲手肘，使哑铃重量落到头部后面。保持手肘接近双耳位置。

4）伸展前臂，直到完全伸直。

5）慢慢将哑铃回到起始位置。训练过程中，保持背部直立姿势。

（2）坐姿三头肌伸展训练锻炼的肌肉：

1）主要肌群。肱三头肌。

2）辅助肌群。腹部核心肌群（腹外斜肌、内斜肌、腹横肌和腹直肌）、脊柱伸肌（竖脊肌和多裂肌）和抓举哑铃的前臂肌肉。

（3）坐姿三头肌伸展训练对足球训练的影响。虽然足球赛场的面积很大（一般有 110 码×70 码（约 100 米×64 米）），但是攻守双方在赛场上总是处于胶着状态。虽然在对抗中垂直抬臂会被裁判吹口哨，但是调整手臂与地面的角度和保持等长收缩可以更好地抵抗对手抢夺控球权。虽然足球运动的重点在于下肢，但是手臂在夺取或保持控球权方面也发挥着重要作用。

7. 站姿下拉训练

（1）站姿下拉训练步骤：

1）面向滑轮拉力器站立。打开双手与肩膀同宽，举手过肩紧握杆。

2）向下拉杆，前臂完全伸展时，保持手肘贴近身体。

3）以完全伸展姿势握住杆，稍做停留，再慢慢将杆回到起始位置。

（2）站姿下拉训练锻炼的肌肉：

1）主要肌群。肱三头肌。

2）辅助肌群。腹部核心肌群、脊椎伸肌和抓住杆的前臂肌肉。

（3）站姿下拉训练对足球训练的影响。美式足球等一些运动比较大众化，而篮球和排球等运动则比较侧重身高。足球是一项大众化的运动，对参加和喜欢足球的人们没有任何特定的身体要求。一般足球运动员的身高和体重接近于同龄和同性别人的平均值。很少看到身体（特别是上身）高度发达的球员。但是，忽视上身力量意味着在身体碰撞中将自身置于不利位置。

8. 站姿杠铃弯举训练

（1）站姿杠铃弯举训练步骤：

1）双脚分开与肩同宽，站立在杠铃前面。

2）双手手掌内旋（手掌向上）抓住杆。

3）前臂弯曲，朝肩膀方向举杆。以关节完全活动范围举杆。稍做停留，接着慢慢将杆放下回到起始位置。

（2）站姿杠铃弯举训练锻炼的肌肉。

1）主要肌群有肱二头肌、肱肌和肱桡肌。

2）辅助肌群有腕部屈肌（桡侧腕屈肌、尺侧腕屈肌和掌长肌）、躯干稳定肌（腹部核心肌群和竖脊肌）、肩膀稳定肌（三角肌、棘上肌、棘下肌、肩胛下肌、小圆肌、背阔肌和胸大肌）和肩胛稳定肌（前锯肌、菱角大肌、小肌和中肌和斜方肌）。

（3）站姿杠铃弯举训练对足球训练的影响。在球场上自由踢球时，手臂主要是在比赛规则之内用于挡住对手接近球或在与对手一起跑动时抢占优势。这些动作一般不需要弯曲前臂。但是，只是关注针对比赛的力量训练而忽视对抗力训练是很不明智的。这样会导致肌肉不平衡，不适合于优化肌肉和关节功能。

（二）胸部训练

足球运动员或许会因很多原因对参加力量训练迟疑不定和缺乏了解，传统原因，担心过于健硕的肌肉会影响赛场发挥，等等。还有一个理由仅仅是因为没有运动器械。不想做力量训练的运动员或许将注意力都放在了腿部，这不利于人体的平衡，增加了受伤的风险。运动员和教练员们必须要了解的是，力量训练目的在于锻炼全身，而不仅仅是腿部。人体的所有部位，包括胸部，都必须得到锻炼。

仰卧推举是许多运动员想要强化胸部力量时最先想到的训练项目。虽然胸大肌是胸部最大最明显的肌肉，但其他肌肉也对肩胛带和上肢运动产生作用。

1. 胸部的骨骼、韧带及关节训练

人体躯干共有10对肋骨，后与脊柱相连，前与胸骨相接，其中有两对肋骨只与脊柱相连，而不与胸骨相连。1号、11号和12号肋骨与对应的脊骨相连，2号~10号肋骨位于两块脊骨之间。每块肋骨末端大致与乳头位置竖直对齐，并通过肋软骨（拉丁文中“costa”意为“软骨”）与胸骨相连，形成软骨性关节，活动性很弱。1号~7号肋骨被称为真肋，因其每一根都通过肋软骨直接与胸骨相连接。8号~10号肋骨叫作假肋，因其软骨先与上一肋的软骨相连，然后才与胸骨相接。11号和12号这两根小肋骨被称为浮肋，因为它们未与胸骨相连。在一对肋骨之间有一对小块肌肉，叫作肋间肌，起到辅助呼吸的作用。胸腔底部由膈膜构成。肋骨的运动对胸腔的呼气和吸气起作用，形成的胸腔可以保护心脏、肺、主要血管、神经以及从肺部导出和导入空气的气管。胸部最常见的损伤便是

由于某种弹道冲击造成的肋骨骨折，通常中间肋最易受损。

胸骨由三块骨骼相接生长而成。如果你用一根手指沿着胸骨下滑，就会在距离末端1/4～1/3处感到一块水平方向上的凸起，这里便是其中一个接点。第三块骨是名为剑突的脆骨，位于胸骨的末端，其上附着有大量组织，不易被触摸到。

胸骨的重要性在于它是连接上肢的唯一一块中轴骨骼。从锁骨到胸骨的韧带和软骨使胸锁关节强韧。一根韧带连接两块锁骨，锁骨与第一块肋骨之间又由许多韧带连接。这些组织共同作用，确保关节的统一协调性。尽管有这些组织将其固化，关节也还是会有活动，因此这个关节具有很多活动关节的典型特征。此关节很少受伤。通常情况下，锁骨骨折会先于关节脱臼。但还是会有受伤的可能性。

肩胛骨与锁骨相连接。尽管肩胛骨横跨过肋骨的弯曲部分，但是肩胛骨和肋骨之间并没有骨连接。但是从胸骨和肋骨发出的肌肉也嵌入到肩胛骨上，并对支配肩胛骨运动产生作用。

2. 胸部肌肉训练

对于大多数人来说，胸部肌肉即等同于胸大肌（拉丁语“petus”意为“胸部”）。胸大肌是胸部最大但并不是唯一的肌肉。由于胸大肌起始于胸骨、2号～6号肋软骨（胸骨上端或胸肌下端）及锁骨（锁骨上端或胸肌上端）之间较宽的范围，通常被认为有两个完全不同的起始端。胸大肌靠近肩膀的一端止于上肱骨的胸侧。记住，肌肉收缩是将止点拉向起点。由于止于一块高度灵活的骨骼，所以胸大肌在肱上膊上产生许多主要动作和次要动作。胸大肌的主要功能包括水平内收（胳膊与地面水平，在胸前交叉）、肩部内收、肱上膊内旋以及肩部伸展。将一只手置于胸大肌上，做上述任意动作，你会感受到胸大肌的收缩。通过肱上膊与肩胛骨凹陷处的连接，胸大肌也辅助部分肩胛骨的运动。完全处于胸大肌包围之下的是胸小肌。（在解剖学中，如果有“大”的话就一定有对应的“小”。）胸小肌起始于3号～5号肋骨的外表面，与肱二头肌的短头一起，附着到肩胛骨上，使肩胛骨能够外展（沿着肋骨弯曲移动肩胛骨，远离中轴线）、下压，并且帮助肩关节窝下旋。

胸部最后一块重要肌肉是前锯肌，其因锯齿状的外形而得名（想象一下切肉排刀的锯齿形边）。前锯肌起始于第8号或第9号肋骨的侧表面，沿着肋骨向上嵌入到肩胛骨与脊柱相连的下半端。前锯肌起到的主要作用是外展肩胛骨（向远离脊柱方向移动），但是它同时帮助肩胛骨关节窝上旋（像回答问题一样举起胳膊）。前锯肌因起始于肋骨，可以被认为是一块胸肌；又因其嵌入到肩胛骨上，故也可以被认为是一块肩胛肌。

上背部和肩部的所有肌肉都依靠这三块肌肉得以平衡，这意味着几乎所有牵动肱上膊和肩胛骨的练习都有这些肌肉的参与，但是拮抗肌的锻炼则需要有针对性的单独训练。因为在足球运动中手臂和肩部的动作意味着扩展人体所占空间，使对手更不容易得球，所以训练胸部拮抗肌以保持神经肌肉的平衡是很明智的选择。

3. 足球俯卧撑训练

（1）足球俯卧撑训练步骤：

1）成俯卧撑开始姿势，双手分开略宽于肩膀。双脚并拢，以脚趾撑地。

2）慢慢将一只手移动到足球上。

3）做俯卧撑运动。

4）单手放于足球上做俯卧撑，数次之后，交换手继续。将足球置于另一只手下，做俯卧撑运动。

（2）足球俯卧撑训练锻炼的肌肉：

1）主要肌群。胸大肌、肱三头肌和前三角肌。

2）辅助肌群。前锯肌、保持适当姿势涉及的腹部核心肌群（外斜肌、内斜肌、腹横肌和腹直肌）和脊椎伸肌（竖脊肌和多裂肌）。

（3）足球俯卧撑训练对足球训练的影响。现代比赛中身体接触远远超过以前年代。对于现代运动员来说，速度和体能意味着眨眼之间逼抢对方前锋，意味着身体的接触。角球时拥挤禁区内的碰撞次数或许会让绝大多数观众感到惊讶。直觉上，更为强壮的选手会在身体碰撞中占优势。虽然许多必要力量都从腿部发力，但是动作会像链条一样带动全身其他部位产生运动。在这项训练中，添加了足球之后的高度，较之双手撑地时，使身体降得更低。此外，也需要进行一些反应平衡，因为球会移动。

4. 抗力球俯卧撑训练

（1）抗力球俯卧撑训练步骤：

1）面部朝下躺在健身球上。身体前倾，双手支撑于地面。

2）双手撑地向前挪动，将球调整至躯干、大腿或者脚的正下方。球距离双手越远，这项训练的难度便越大。

3）双手撑地，以俯卧撑中向上撑起动作起始，之后按照通常俯卧撑做法进行训练。

（2）抗力球俯卧撑训练锻炼的肌肉：

1）主要肌群。胸大肌（尤其锁骨处）、肱三头肌和前三角肌。

2）辅助肌群。前锯肌、保持适当姿势涉及的腹部核心肌群和脊椎伸肌。

（3）抗力球俯卧撑训练对足球训练的影响。力量与体能教练有一套器材方案，确保几乎每块肌肉的每一部分都能得到锻炼。标准方法是向对抗阻力的方向扭动身体。这种情况下，运动员会以不同的方式倾斜身体。抬高腿部会有效改变胸大肌的受力方式。在俯卧撑运动中，差不多2/3～3/4的肌肉会得到锻炼。抬高腿部会让胸大肌上端未被锻炼到的部分也得到锻炼。

5. 仰卧推举训练

（1）仰卧推举训练步骤：

1）仰卧在举重床上，使躯干从臀部到肩部都得到支撑，并且双脚平放于地面。杠铃放于与乳峰水平的支架上。

2）正手抓握抓杆，双臂分开与肩同宽。

3）双臂上举伸直，但是不要锁住肘关节，将抓杆从支架上举起，并稳定重心。此时背部或许会有一些弓起。

4）将杠铃放低到胸部，停留片刻，然后再次伸臂托举杠铃。保持双臂平稳地支撑杠铃，但是不要锁住肘关节。放低杠铃时吸气，托举杠铃时呼气（将杠铃吹上去）。

（2）仰卧推举训练锻炼的肌肉：

1）主要肌群。胸大肌、肱三头肌和前三角肌。

2）辅助肌群。前锯肌和喙肱肌。

（3）仰卧推举训练对足球训练的影响。在拥挤的禁区内，要占领一块属于自己的地盘，更重要的是将对手推离自己以获取更大的活动空间，而非将对手拉向自己。像俯卧撑和仰卧推举这种类型的训练对此十分有益。本质上讲，仰卧推举是倒着进行的俯卧撑，所锻炼的肌肉也大部分相同。两项训练最大的不同是，仰卧推举由于添加了杠铃的重量，所以施加在杠铃床上的压力更大。这种类型的增强对于增加俯卧撑的阻力来说并不是增加了杠铃重量那么简单的。

6. 哑铃屈臂上举训练

（1）哑铃屈臂上举训练步骤：

1）仰卧在举重床上，使躯干从臀部到肩部都得到支撑，并且双脚平放于地面。

2）两只手抓握在哑铃中间位置。双臂伸直，与地面垂直。

3）将哑铃向头部方向下降，再向下至微屈双肘。

4）短暂停留，反向移动，返回起始位置。

（2）哑铃屈臂上举训练锻炼的肌肉：

1）主要肌群。背阔肌、胸大肌、肱三头肌和大圆肌。

2）辅助肌群。肩胛稳定肌群（大菱形肌、小菱形肌、斜方肌和前锯肌）和抓握杠铃的前臂肌群（大部分手腕及手指的屈肌，包括桡侧腕屈肌、尺侧腕屈肌、掌长肌、指浅屈肌、指深屈肌以及拇长屈肌）。

（3）哑铃屈臂上举训练对足球训练的影响。这些年来，足球运动员变得越来越高大强健。运动员这种身材上的改变也影响了这项运动的方方面面。例如，现代守门员可以一脚将球踢给对方守门员，职业男球员将球踢出 70 码（约 64 米）远很常见。另外一方面的改变就是掷边线球。早先的时候，防守球员会竭尽全力将球挡出边线（球场边线）而不造成角球，因为掷边线球到球门是很不寻常的，但是角球就危险得多。如今，大多数球队都有一到两名掷边线球的能手，专门负责在靠近底线开球。这些掷边线球专员们在掷球时更像是在踢角球，是球队的一大进攻性武器。哑铃屈臂上举这项运动与掷边线球相似，这项练习可以促使人成为一个球队的掷边线球专员。

7. 对向滑轮扩胸训练

（1）对向滑轮扩胸训练步骤：

1）这项训练通常需要专门的器械完成专门的拉伸动作。保持站姿，背对器械。双脚虚立，身体略前倾。

2）向后过肩上举，正手抓握缆绳把手，双臂向后伸展，微微屈肘。做这个动作时想象自己是一只展翅飞翔的鸟。

3）吸气，双臂同时向内用力，直到双手相碰；双手相碰呼气。运动时尽量不要改变屈肘的角度。

4）慢慢将双臂还原到起始位置。在上举时保持对身体的控制，因为很容易被重力牵引。

（2）对向滑轮扩胸训练锻炼的肌肉：

1）主要肌群。胸大肌和胸小肌。

2）辅助肌群。抓握把手的前臂肌群和肩胛平衡肌群（前锯肌、大菱形肌、小菱形肌和中斜方肌）。

（3）对向滑轮扩胸训练对足球训练的影响。有人提出足球运动员可以用力量训练做足球专业训练的补充。这样来说，运动员进行一些锻炼肩部和臂部大部分肌肉的复合训练就可以了。但是肌肉参与了一些动作的完成并不意味着这些肌肉就得到了锻炼。例如，通常情况下仰卧推举并不能锻炼到胸大肌上部的重要部位。因此，一个完善的补充力量训练方案应该包含不同的练习，以便对尽可能多的肌纤维产生影响。对向滑轮扩胸运动是强健大部分胸大肌的绝好选择，也是激发胸小肌力量的不二之选。胸小肌位于胸大肌之下，嵌入到三角肌起始区域下面的肩胛骨上。胸小肌在运动时稳定肩胛骨。稳固的肩胛骨对于提升肩部功能意义重大，同时，也在跌落着地时对肩部起到保护作用。推举运动围绕肋骨的曲面活动肩胛骨，是胸小肌专门控制的动作。

8. 蝴蝶式扩胸训练

（1）蝴蝶式扩胸训练步骤：

1）适当调整座位，使上臂大致与地面平行。

2）张开双臂，并屈肘。

3）将双肘和前臂置于平板上，正手抓握把手。不需要将把手抓握得太紧。

4）将双臂向内靠拢，停住动作片刻，然后将双臂还原到初始位置。

（2）蝴蝶式扩胸训练锻炼的肌肉：

1）主要肌群。胸大肌、喙肱肌和前三角肌。

2）辅助肌群。肩胛稳定肌群、旋转肌群（肩胛下肌、冈上肌、冈下肌和小圆肌）和肱二头肌。

（3）蝴蝶式扩胸训练对足球训练的影响。这项训练是锻炼胸部主要肌肉的又一选择。许多运动员误以为辅助练习应该专门针对足球运动，用某些形式的阻力来模拟运动动作。进行辅助力量训练是在尽力强化全身体能，并不仅仅是运动中的某一个动作。针对肩部和背部的练习，将有益于站位和控球，需要针对主要胸部肌肉的辅助训练来平衡。拮抗肌间的力量不均衡是导致关节损伤（包括肩部损伤）的一项风险因素。

（三）腹部训练

如今，当被问及身体的核心在哪里的时候，包括运动员在内的大多数人都会指向其腹部，还可能会说六块腹肌。在现实中，身体核心远远不止腹部肌肉。身体核心指的是人体的中间部分——从臀部到肩膀，所有动作都围绕这个中心而发生。

强大的核心为四肢的运动提供一个平台。为了使上肢和下肢围绕躯干协调运动，包括腹部肌肉在内的核心肌肉需要使臀部、脊柱和躯干保持稳定。如果运动时躯干不稳定，它就会被四肢带动，做一些意想不到的运动。为了证明这一点，单腿站立，闭上眼睛，当躯干偏移支撑的那条腿时，注意抬起的那条腿以及手臂会发生什么。在忙乱和失控的比赛情形下，这样的反应可能会导致负面影响，比如身体受伤。事实上，高速视频显示经历过非接触膝盖受伤的球员，躯干会在受伤前稍微晃动，然后他的反应与预期有点不同，最后膝盖就受伤了。

随着时间的推移，身体核心训练已经不再是一个辅助性训练（“几个仰卧起坐而已”），而变成训练计划中一个关键——有些人可能会说是最重要的——因素。由于成千上万的书籍、练习方法以及网站都有专门训练身体核心的内容，从中选择适当的训练方法是非常困难的。

位于胸廓和骨盆之间的下腹部，就像一个圆柱体，在其旁边的是腹肌、脊柱肌肉和腰背筋膜，上面的膈膜和下面的盆底肌位于这个圆柱体的上下部附近。

1. 腹部肌肉

腹部与众不同的是，其肌肉附着的骨架结构是从身体的其他区域借来的。从上文可知，一些腹部肌肉起始于肋骨，而其下方其他的肌肉起始于骨盆。在后面，还有一些肌肉起始于脊柱和下背的一层非常强韧的肌腱组织（称为腰背肌筋膜，有时也称为胸腰筋膜）。由于下部腹肌的骨嵌入位置有限，围绕前面包裹的肌肉部分附着于一个称为腹白线的肌腱之上，这块肌腱从胸骨一直延伸到骨盆。这就给予某些肌肉一个附着点。腹部很少有传统的关节或韧带。

腹部最明显的肌肉是腹横肌、腹外斜肌和腹内斜肌。它们的排列和功能都非常复杂。这三块肌肉都呈平板状，一个压在另一个的上面。它们是根据其纤维的走向和在该层中的位置而命名的。第四块肌肉是腹直肌，嵌入中线肌腱内，即所谓的腹直肌鞘内。

成对的腹直肌并行排列，与中线相邻，位于腹部的最下端部分，胸骨和耻骨之间。腹直肌起始于两个耻骨连接的部分（耻骨联合）。其纤维向上延伸到胸骨的端部（剑突），以及第五至第七根肋骨附近的表面。此肌肉与众不同的是，其肌肉内部有肌腱。在大多数情况下，肌腱连接肌肉和骨头，但腹直肌具有三个肌腱，将肌肉分割成不同部分。如果这块肌肉训练有素，而且皮下脂肪层较薄，会使腹部拥有备受追捧的六块腹肌，以及非常坚实的腹部肌肉。

顾名思义，腹外斜肌是包裹下腹部的腹肌的最外层。它的纤维沿着对角方向延伸，横向起始于底下八根肋骨的外表面，其纤维沿着斜线朝骨盆方向向下延伸，嵌入到髂嵴（身体两边的侧骨脊）、腹直肌鞘和腹白线之上。

腹内斜肌就位于腹外斜肌之下，而且它们的纤维相互垂直延伸。腹内斜肌起始于腰部以及与骨盆相邻的髂嵴的腰背筋膜。它的纤维沿着斜线向上延伸，穿过第 9 至第 2 根肋骨的外表面，到达腹直肌鞘和腹白线。

最深的腹肌是腹横肌。这种肌肉的起始区域比较广，起始于底下 6 根肋骨的外侧表面、腰背筋膜和髂嵴。它的肌肉纤维沿着水平方向延伸，嵌入到腹白线和腹直肌鞘。不要错误地认为它叫横腹内斜肌。该肌肉纤维是水平的，而不是斜着走向，所以如果在它的名字中加入斜字，会与前面的横字相矛盾。

通过较长的、扁平的肌腱，这三块肌肉被连接到腹白线上，因为实际的肌肉组织横向嵌入到中线附近。本身就在肚脐两侧的肌肉只有一种，即一对腹直肌。

很多人认为，腹肌共同参与躯干屈曲和转体。但考虑到肌肉纤维的走向，在转体运动中腹直肌几乎不能参与，正如腹横肌很难参与躯干弯曲一样。

既然了解了肌肉纤维走向、起止点以及把止点拉向起点的肌肉收缩规则，那么腹肌的行为就可以预测。此外，记住这些肌肉可以与它们对侧的搭档共同工作，或单独行动。当两个腹外斜肌的肌肉收缩时，它们使躯干弯曲。当右侧的肌肉收缩时，躯干侧向弯曲到右侧；另外，当右侧的肌肉收缩时，躯干还可以向左侧转动。

腹内斜肌与之相似，但有一个主要区别。它收缩两边的肌肉以使躯干弯曲。收缩右侧的肌肉，躯干会侧向弯曲至右侧。所不同的是旋转、收缩右侧的肌肉时，躯干向右侧转动。

腹横肌有单独的不同于其他肌肉的作用。收缩时，它增加腹部内压，给腹部器官提供支持。

最后的腹肌是腹直肌，它能使躯干弯曲，也有助于身体侧屈和转体。

总的来说，这四块腹肌互相配合，和长棘肌一起，为许多健身专家所谓的腰—骨盆—髋关节的复杂体提供了支持和稳定。

腹部肌肉也发挥着其他作用。它们有助于脊柱的完整性。事实上，椎间盘不好导致的腰痛，通常是由腹肌薄弱造成的。在呼气过程中，该腹肌也能起到帮助作用。当它们收缩时，挤在下面器官之上，这推高了横膈膜，增加了胸内压，有助于肺部排出空气。另外，对于清理上一次下消化道流感所积累的大便而言，大多数人都很欣赏腹肌的贡献。

许多练习都旨在激活身体核心中的一些具体区域，如上腹部、中腹部或下腹部。这种针对性练习会确保每一块肌肉的每一个方面都被激活。面对如此繁多的训练方案选择，以及为了赢得比赛实施太多的训练项目，而不惜花费昂贵的技术战术训练成本，这很容易使双方都不堪重负。除了常规的团队训练，鼓励运动员抽出时间进行身体核心的训练，并在热身练习中，保留一些锻炼核心肌群的练习。

2. 垂直腿卷腹

（1）垂直腿卷腹的步骤：

1）躺在地上，双手放在地上，位于身体两边。

2）弯曲髋关节，使双腿与地面垂直。你也可以交叉双脚。

3）缓慢进行卷腹。尝试将胸骨拉向大腿，但不要弯曲颈部。

4）返回到起始位置，重复动作。

（2）锻炼的肌肉：

1）主要肌群。腹直肌。

2）辅助肌群。腹外斜肌、腹内斜肌、髋关节屈肌和股四头肌。

（3）对足球训练的影响。人们做了大量的工作，以决定在具体的练习中，哪些部分的腹肌最经常被使用到。总的来说，常规的卷腹运动主要锻炼上腹部。而当你躺下来弯曲髋关节以抬起双腿时，训练重点就向下腹部转移了。因此，交替做这两种类型的卷腹可以锻炼更多的腹肌。在做这个练习时，要重点关注力量的转移。踢球时，动能的积累始于起跳脚撞击地面。产生的力量沿着这条腿向上转移，穿过腹部和臀部，然后向下转移至踢球的那条腿。如果身体核心未能完全控制躯干，你可能会失去其中很多的力量，在躯干无谓地转动或其他动作上白白浪费气力。让所有的腹肌与整个身体的核心相连，可以固定躯干，使动能从动力链上的一个环节转移至下一个环节。虽然这是一个腹部练习，你也可能会遇到一些髋关节的屈曲。尽量保持颈部中立，不要让下巴碰到胸部。要想获得更多的阻力，在展开的双臂中，可以拿着一个小型的健身实心球，卷腹时让球靠近或超过双脚。

3. 单侧推腿卷腹

（1）单侧推腿卷腹的步骤：

1）仰卧，膝关节弯曲，脚底平放在地面上。

2）抬起右腿，使膝关节和髋关节都成90°角。

3）将右手放在大腿上靠近膝盖的下方。

4）通过腹部肌肉进一步弯曲躯干，而同时用手反抗这个动作。

5）切换到左腿，重复以上动作。

（2）锻炼的肌肉：

1）主要肌群。腹直肌、腰大肌、腰小肌和髂肌。

2）辅助肌群。股直肌、收肌、腹外斜肌和腹内斜肌。

（3）对足球训练的影响。虽然这被列为腹部练习，但它也是运动场上锻炼髋关节屈曲的一个力量训练。髋关节屈肌的拉伤在足球运动中变得越来越常见，就像腘绳肌拉伤一样，是由现代比赛的速度增加造成的。当一个被拉长的肌肉强烈收缩时，拉伤就会发生。在短跑中，在后腿离开地面之前，髋屈肌就已经被拉伸。一旦那只脚离开地面，髋关节就极度弯曲。拉伸和收缩的力量结合可能会撕裂肌肉。在猛力踢球，比如射门时，也会发生这种情况。大约有六块肌肉作为髋部屈肌被连接到一起，其中大约一半是经典的腹股沟肌肉（内收肌），协助髋关节屈曲。在髋部屈曲动作中，其他的肌肉，股直肌（股四头肌之一）、髂腰肌和缝匠肌，都起到主要作用。这个练习旨在提高这些主要的髋部屈肌的力量。然而，这不是预防髋部屈肌拉伤的唯一方法。在每个训练阶段，都应该做步行深蹲，以预防这种倒霉的伤病。

4. V 坐姿传球

（1）V 坐姿传球的步骤：

1）双臂及双腿伸展，平躺于地上。双脚脚踝之间夹紧一个足球。

2）保持腿部伸直，抬起球至头部上方，直到球位于双手上方时，松开球，用手接住。这是第一次重复。

3）放下脚到起始位置，球握在手中。

4）为了从手里取回球，重复上述运动。这是第二次重复。起初，可能做不到在整个练习中都保持双腿伸直。随着力量的提升，尽可能地伸直双腿，并且尽可能在整个练习中都保持双腿伸直。

（2）锻炼的肌肉：

1）主要肌群。腹直肌。

2）辅助肌群。腹外斜肌、腹内斜肌、内收肌、髋关节屈肌、股四头肌和前锯肌。

（3）对足球训练的影响。在足球运动中，这个练习有着悠久的历史，在许多旧的训练书籍中都有描述。早在20世纪70年代，百事公司与球王贝利携手制作电影，讲述了许多他的训练方法。其中一个电影描述了一个健身循环训练，它有许多的姿势，被视为早期的身体核心训练。这些练习方法包括基本的仰卧起坐，以及我们现在称为卷腹的练习。这些电影还讲述了贝利躺在地面上，他的搭档抱住其脚踝，位于齐腰的位置，做一种类似斜板仰卧起坐的练习。这吸引了大家的关注，只见贝利躺在地上，头部位于搭档的双脚之间，并握着搭档的脚踝。贝利抬起双脚，搭档握住他的脚踝，然后猛地把贝利的脚推向地面。然而贝利从来没有让他的脚触到地面。观众通常会对此唏嘘不已。虽然大多数人宁愿做那些对下背部较少压力的练习，但是人们不得不感叹，是贝利的训练造就了他的能力和比赛的耐力。正如过去的教练一样，大多数的力量和体能教练更喜欢选择多种核心练习，而不是只关注少数的几个。因为少数几个练习的频繁重复会给肌肉组织带来过度的压力。这可能导致肌肉过度劳损。在做身体核心练习时，可以使用一只球，比如对于这个练习而言，保持球员专注于球会带来许多益处。

5. 健身球屈体

（1）健身球屈体的步骤：

做一个向上抬起的俯卧撑姿势，将小腿放于一个大的健身球的顶端。

弯曲身体，抬起臀部，同时尽可能地向前滚动抗力球，使小腿触球变为脚尖触球。在整个训练中，确保后背和腿部保持笔直。

回到起始位置。

（2）锻炼的肌肉：

1）主要肌群。腹直肌。

2）辅助肌群。腹外斜肌、腹内斜肌、前锯肌、髋关节屈肌、肱三头肌和股四头肌。

（3）对足球训练的影响。强大的核心之所以重要是有很多原因的。由于胳膊和腿从躯干开始伸展，仅从逻辑上看，身体的核心为四肢的有效运动提供可以依附的基础。此外，全身运动所需的力量是从腿部产生的，需要穿过身体核心，转移到手臂，以发挥最优的水平（例如，当一大群球员为了得到一个球门发球或角球而不断移动时，你可以使用手臂，使得身体范围更宽）。当力量通过一个较弱的身体核心时，一些产生的力量会损失掉，而做一些无用的动作，这意味着仅有更少的力量用于做目标动作。身体核心连接身体上下部分。核心越强壮，损失的力量就越少，就会有更多的力量在身体之间被转移，以做出最高效的动作。

6. 拉力器卷腹

（1）拉力器卷腹的步骤：

1）面向拉力器跪下。

2）使用正手抓握，将绳索的附着物向下朝着肩膀方向拉动，并稍微弯曲臀部。（你的拉力器可能会有一个长的或短的杆状把手，或者有一个绳状的附着物）

3）吸气然后呼气，同时通过将胸骨向耻骨卷起进行卷腹。胳膊肘应该向大腿中间移动。

4）缓慢回到起始位置。

（2）锻炼的肌肉：

1）主要肌群。腹直肌、腹外斜肌和腹内斜肌。

2）辅助肌群。为抓住绳子的前臂肌群（主要是手腕和手指屈肌，包括桡侧腕屈肌、尺侧腕屈肌、掌长肌、指浅屈肌、指深屈肌以及拇长屈肌）、背阔肌、股直肌、腰大肌和腰小肌。

（3）对足球训练的影响。大多数的卷腹运动都在地板上进行。这个传统卷腹动作的变化动作以跪姿进行，为了使动作正确还需要一定的练习。这个练习的好处是，可以通过增加重量来增加阻力，而不必考虑怎么握住重物。正如所有的核心练习一样，通过将肚脐拉向脊柱来收缩核心。在卷腹练习中，还可以通过增加少许的转体来锻炼腹外斜肌和腹内斜肌。不要快速地做这个练习，而且不要使用太大的重量。

7. 悬挂屈髋

（1）悬挂屈髋的步骤：

1）正手抓住一个固定的单杠。

2）屈曲髋关节和膝关节，直到大腿与地面平行，或者比地面更高。

3）停顿一会儿，然后缓慢回到起始位置。

4）在底部停留一会儿，然后重复练习，以避免产生任何动能。这个练习关键是控制动作，而不是看你完成的速度有多快。

（2）锻炼的肌肉：

1）主要肌群。腹直肌和髋关节屈肌。

2）辅助肌群。腹外斜肌、腹内斜肌和腹横肌。

（3）对足球训练的影响。这个悬挂练习和其他身体核心练习一样，涉及许多肌肉。不同的做法会锻炼不同的肌肉。比如，如果只是髋关节屈曲，而腰部没有太多的弯曲，则主要锻炼的肌肉是髋关节屈肌，而腹部肌肉在稳定骨盆和腰部时，起到了主要作用。尽可能地抬起膝盖，就能锻炼腹直肌、腹外斜肌和腹内斜肌，使它们更多地参与运动。每次快结束练习时，还可以通过增加一点转体，更多地锻炼腹外斜肌和腹内斜肌。

六、足球运动全身训练

足球运动全身训练的重点是隔离动作以及参与该动作的肌肉群。隔离训练能够确保每块肌肉都得到完全激活，且适应新增的要求。

下一步便是将肌肉作为整体系统的一部分来发挥功能，这类似于跑步或跳高运动员所倡导的整体大于各部分之和的理念。跑步或跳高不是在隔离状态下进行的，相反，整体的表现要比各块神经肌肉的表现之和重要。某项体育运动的表现是该项运动所需的技巧、特定身体素质（身体上和精神上）和取胜所需的独特战术的综合反映。

在这些体育运动因素中，一些是可以计划的，而另一些是对阻碍做出的反应，但是它们都随着时间的推移而演化，因为进步迫使体育运动不断地进行挑战。任何在整体系统中运用多个部分的机会都会让运动员获得进步，并且更加接近教练眼中的体育运动。这在团体比赛中尤为关键，因为最终结果受多种因素的影响——每个运动员、队员之间的相互影响，比赛的方式，阻抗的方式，裁判、环境以及观众等。

本书所选择的训练有一条共同的主线：它们都需要多个关节、多块肌肉和多个肌肉动作来完成，没有任何隔离训练。经历过或看见过早期训练方法的教练可能认识类似的基于场地的训练，这种训练在20世纪60年代及之前的训练教材中曾是体能训练的核心。

尽管来自传统国家的队员可能还记得他们的训练项目中曾有过类似的训练，但是在当时的基础训练中这些项目存在不足：频率、强度、持续时间和进度。他们可能进行过类似的训练，但是不像今天的训练那样高频率、高强度或者持续时间长。显然当时没有从长期比赛考虑将训练分阶段进行。

这些和其他全身训练的目标是为运动员的战略动作做好准备，而战略动作是成功得分或阻止对方进球的关键。这些动作频繁涉及高能量输出的跳跃或奔跑。重复跳跃属于增强式活动，并且它的各种变体利用了伸展缩短循环，而后者被认为不仅能改善跳跃的能量输出，还能改善奔跑的能量输出。如果把改善奔跑作为目标（也应如此），请观察短跑选手的训练，可以看到大量针对重复跳跃的练习。

在足球比赛中每隔几秒钟就会产生一些随机动作，引入全身训练工具能够帮助在产生随机动作时协调身体。运动员可能会在瞬间双脚跳跃、单脚跳跃、跨跃、飞跃和拦截，在做动作或反应的时候通常是不受意识控制的。尽管很难通过模拟训练来模仿与真正对手（而不是训练中的队友）交锋时可能发生的事情，但是准备好每个运动员的神经肌肉系统并不难，让他们在比赛期间能够瞬间对未知情况做出反应。确保每个运动员都做好最充分的肌肉神经准备是教练的责任。

这就是为什么运动员进行的指导性训练从表面上看与比赛毫无关系，且已成为现代训练的常态。这些训练可能用到长凳、铁环、跨栏、敏捷梯以及其他相关的器材，它们教会运动员高效地使用身体，将不必要的动作降至最低。尽管足球运动员的跑步形式与短跑运动员流畅高效的跑步形式大不相同，但是通过将几十年前的足球录像片段与现在的比赛进行对比，很好地证明了运动员的训练、动作协调和运动素质都取得了巨大进步。

研究表明仅仅脱水2%就会影响到运动员的表现。不要以时间紧张为借口在足球比赛期间不喝水。在比赛中有许多死球机会可以喝水。在比较炎热的天气下，裁判有权暂停比赛让运动员喝水休息。在炎热和潮湿天气下，喝水休息是许多青年联赛的规则之一。

据报道25%～40%的足球运动员在走入训练场或比赛场之前就已经脱水，因为他们在前一天的比赛或训练之后没有补足水分。

肌肉需要消耗能量，而足球运动的主要能量来源是糖类。糖类供给受到限制将会影响表现。糖类储备不足的足球运动员参加比赛时将走得多跑得少，尤其是到了比赛后期。出于某些原因，团体运动员在挑选食物时不如个体运动员认真谨慎。

在每半场的比赛中随着时间的推移受伤的概率增高，因此需要健壮的身体部位来预防受伤。预防受伤的措施之一是改善每位运动员的健壮程度。运动员在到训练营的时候健壮水平应该在合理的范围内，以便教练能够通过定向的赛季前训练来安全地提升他们的健壮水平。一些团队的比赛安排非常紧密，因此在赛季中很难进一步提升健壮水平。在比赛密集的赛季，如果每周通过太多的高强度锻炼来提升健壮水平，那么将存在急性损伤、过度使用损伤、表现下降、恢复慢和过度训练的风险。

一些报告表明技能差的运动员比技能娴熟的运动员更容易受伤。因此，预防受伤的另一个办法是改进技能。

花时间做有效的热身运动。将热身加入常规的身体部位训练收获的益处将是巨大的。但是偶尔进行热身是没有保证的。大部分教练都擅长计划训练课程，但忽略了引导团队进行热身运动。

足球运动最危险的部分便是抢球。研究表明最危险的抢球动作包括跳跃、单脚或双脚前进时露出鞋钉以及从正面或侧面袭来（头与头碰撞也是极其危险的）。要记住，一条最简单的公理就是“双脚离地事故来”。运动员不应该模仿专业比赛中的腾空行为，而保持双脚着地。

不要忽视头部受伤。头碰头、肘碰头、头碰地、头碰门柱或者意外球撞头都是危险的。不要将头部撞击同踝部扭伤一样看待。遭到上述头部碰撞的运动员应该马上从比赛中退出来，直到所有人都确定他没有安全隐患之后才能继续返回比赛。最佳的建议是：只要怀疑头部受伤就不能比赛。

在美国以华盛顿州为先导许多州都通过了这样一项法案：运动员脑部受到撞

击之后必须有书面的体检合格报告才能返回比赛。头部受伤不要敷衍过去，头比任何比赛都重要。

在训练的时候要遵循一些常识。例如，使用与年龄阶段相适合的球。年纪大的运动员不应该与年纪轻的运动员在一起训练。年轻的运动员可能会被从身上踩过或者遭到球或运动员的高速撞击。

另外，受伤的最好预测途径便是受伤历史，因此受伤的运动员应该完全康复之后才能返回赛场。完全愈合的小伤通常预示着更严重的伤害的到来。安装或取下球网的时候要采取明智的办法，必须站在凳子或梯子上进行。跳跃时因重力作用而降落，如果身上的环状饰物挂上网上的钩子，通常会招致严重的撕裂。

（一）蹲踞跳

1. 步骤

（1）选择有良好缓冲功能的鞋子，在有回旋余地的地方跳。

（2）使用双脚起跳，尽力跳到最高。让双膝尽可能挨近躯干。在跳起的过程中使用双臂调节平衡。

（3）轻柔地着陆以降低冲击力，然后又快速起跳。将在地面停留的时间降至最低。这项训练是简单的连续垂直跳跃。

2. 锻炼的肌肉

（1）主要肌群。股四头肌（股内侧肌、股外侧肌、股中间肌和股直肌）、腓肠肌、比目鱼肌、臀大肌、臀中肌和臀屈肌（腰大肌、腰小肌、髂肌、股直肌和缝匠肌）。

（2）辅助肌群。腹部核心肌群（腹外斜肌、腹内斜肌、腹横肌和腹直肌）、竖脊肌、腘绳肌（股二头肌、半腱肌和半膜肌）和三角肌。

3. 对足球训练的影响

大部分相关的书籍都将足球描述为耐力活动。一场足球比赛的走表时间为90分钟（尽管实际踢球的时间最多70分钟）且没有中场休息，因此耐力因素是比较重要的。但是比赛的输赢取决于动作的高能量突然爆发，例如短跑冲刺10～20米到达球边或者争夺角球时跳得比对手高。尽管这些机会不会经常有，但是运动员必须做好准备，在比赛的过程中只要时机到来可能要开展多次高能量爆发动作。有许多针对高能量输出的训练，一些需要器械的帮助，而另一些表面上看起来很简单，但实际上非常有效。要想高效地进行该训练，你必须跳得尽可能高，大腿向上贴近躯干，然后轻柔安静地着地。一次跳跃就比较吃力了，多次跳跃将是一种极大的挑战。随着力量的增强，你将发现每次都越跳越高，并且随着大腿的耐力增强，重复跳跃的次数也在增多。偶尔进行此项训练，比如在比赛之前有两天或多天的恢复时间。

（二）反复跳跃

1. 步骤

（1）面向球场的边线或底线站立，或者站在它们的一侧。

（2）使用双脚起跳，向前后或左右刚刚跳过界线即可。

（3）脚一着地，就尽快跳回界线的另一侧。该动作要极其迅速，空中停留时间和触地时间要降至最短。

（4）不要计算与地面接触了多少次，而是在预定的秒数内尽可能快地跳，随着体质的增强而增加时间。

2. 锻炼的肌肉

（1）主要肌群。腓肠肌和比目鱼肌。

（2）辅助肌群。腹部核心肌群、竖脊肌和内收肌（内收长肌、大收肌、内收短肌、耻骨肌和股薄肌）。

3. 对足球训练的影响

耐力、力量、速度和敏捷性——足球运动几乎要求身体的各方面都是健壮的。快速的步法很快成为技能训练项目的一部分。这将要求你在很短的一段时间内通过尽可能多地接触球来完成一系列动作。曾经参加过这些训练的运动员都知道快速步法训练对体力要求非常高并且很累人。在非常短的时间内进行又短又快的接触考验着身体快速提供能量的能力。在狭小的空间内进行尽可能快的训练能够帮助你为此做好准备。

（三）深跳

1. 步骤

（1）选择一个大约30厘米高的矮箱子。

（2）双腿站在箱子上，双脚齐肩宽，手臂和手掌置于体侧。

（3）从箱子上跳下来，双脚同时着地，并把双手抬起到胸前。

（4）着地的时候弯曲脚踝、膝盖和臀部以缓冲冲击。保持着地位置不变，不因落地冲击而调整位置。

（5）返回到箱子上重复训练。

2. 锻炼的肌肉

（1）主要肌群。髋部屈肌、股四头肌、腓肠肌、比目鱼肌和内收肌。

（2）辅助肌群。竖脊肌和腹部核心肌群。

3. 对足球训练的影响

防止受伤是本书的一个主题。防止受伤不仅能够继续比赛，还能改善比赛成绩。防止受伤的核心是对某些部位进行良好的神经肌肉控制，包括膝部和脚踝、臀部和躯干等部位的包围性关节，尤其是在猛烈的活动中，比如跳跃时着陆或者突然改变方向。此项训练的目标是控制冲击以及在落地时不要让膝盖左右摆动。此外比较重要的是，在落地的时候让脚踝吸收冲击力，以免在着地的过程中躯干摆动。如果这些包围性关节之一切换不当，则膝盖必须做出调整，而这一调整将使膝盖处于不利地位，可能导致损伤。应该在教练的观察下进行此项训练，确保你的姿势正确。记住，这是单纯的着地训练，从箱子上跳下来之后不要再跳回去。

（四）速滑跨步

1. 步骤

（1）双腿齐肩宽站立，双手放在臀部上或者放在身侧外边以保持平衡。

（2）保持躯干挺直，轻轻一跳跨到右边，以右脚着地。左脚离开地面，身体在右脚上保持绝对平衡。

（3）停留一会儿并重复，轻轻一跳跨到左边。

2. 锻炼的肌肉

（1）主要肌群。臀大肌、臀中肌和股四头肌。

（2）辅助肌群。竖脊肌、腘绳肌和腹部核心肌群。

3. 对足球训练的影响

这项训练是真正的全身锻炼，因为需要用大腿来驱动侧跨步；大腿在起跳、悬空和着地过程中起到稳定躯干的作用；利用胳膊和肩膀来帮助实现平衡。随着训练时间的推移，侧向速度和敏捷性会得到提升。在比赛的过程中，大多数动作都是在无意识的情况下进行的。在快速带球的时候突然有防卫者出来挑战，在这个瞬间站住一只脚，并朝另一侧方向跨去，同时将球踢到该方向上。这一系列动作是无意识发生的。通过这类简单的训练，比赛的步伐和快速果断地躲开对手的能力将得到很大提升。随着肌肉的强健和神经肌肉控制的改善，侧跨步的距离会变远，并且着地也会更稳。

（五）躺地斜抬腿

1. 步骤

（1）仰卧在地面上，用双手将杠铃横杠举在胸部上方；双臂伸直。

（2）不要移动横杠，将双腿伸直向横杠的一端抬起。

（3）保持双腿伸直，放回地面上。

（4）重复该动作，将双腿抬起指向横杠的另一端。双腿向左、向右各抬一次算一个回合。

2. 锻炼的肌肉

（1）主要肌群。腹部核心肌群、股直肌、腰大肌、腰小肌和髂肌。

(2) 辅助肌群。缝匠肌、胸大肌、肱三头肌、三角肌和前锯肌。

3. 对足球训练的影响

20世纪70年代的一系列电影都是关于百事球王贝利的。在这一系列出色的训练影片中包含了许多腹部练习，而这又是巴西联赛训练方案的一部分。这项训练与之前的巴西球员训练非常相似，只不过现在不是握住搭档的脚踝，而是在头顶上举一根杠铃横杠并进行臀部和躯干弯曲，同时伴随着躯干的稍微旋转。在关于巴西球王贝利的电影中大部分腹部训练都隔离在腹部，而这项训练运用了躯干的多块肌肉，显著提升了训练效果，是非常有挑战性的，尤其是在意识到最难的动作部分会限制呼吸时。

(六) 跳箱

1. 步骤

(1) 站在一个高度在胫中点到膝盖之间的稳固箱子面前——确保不会翻转。

(2) 使用双脚起跳，跳到箱子的上方，双脚落在箱面上；不要刚好跳到箱面上，要跳高一些以便自然落在箱面上。

(3) 跳下回到原点，落地要柔软安静，以吸收掉落地时的冲击力。

(4) 以持续不停地动作重复该训练。刚开始时每次持续5~10秒，随着身体的强健再加长时间。

2. 锻炼的肌肉

(1) 主要肌群。股四头肌、臀大肌、臀中肌、腓肠肌和比目鱼肌。

(2) 辅助肌群。腹部核心肌群、竖脊肌和髋部屈肌。

3. 对足球训练的影响

现代的足球是高能量输出和更需耐力跑步的综合体。在球场上的任何位置给对手施加压力的欲望和能力是每个足球运动员的宝贵特质。某个球员在丢失控球权之后，通常会联合一个或两个队友给对手在多层面上施加压力（例如，马上去夺回控球权；通过封锁拖住对手，让球继续在前面跑；快速封锁迫使对手传球失误；或者封锁对手并延迟进攻动作，让队友得到恢复）。不管是哪种情形，给对手施加压力都需要采取快速的、受控制的方法，其主要特征是短时间内的高能量输出。给对手施加压力是高强度的动作，但是通常马上就可获得重要的结果，比如导致对手失误让队友得到控球权。在必要的时候施加适当的压力要求运动员锻炼出足够强健的体质，这是一项挑战。几乎每个教练都会说的是，运动员失去控球权之后让他给对手施加压力非常困难，原因之一是丢失球之后带来的沮丧或失望，但也不排除运动员的体质不够强健。与此项训练类似的跳跃训练要求非常高的能量输出，如何配合类似的失球控球训练将使足球团队获得非常优秀的施压能力。

（七）罗马尼亚硬举

1. 步骤

（1）将杠铃放在地板上，双脚齐肩宽或略窄站直在地板上，脚趾在横杠下且稍微向外指。

（2）做深蹲姿势。胳膊伸直，正手抓住横杠，手掌朝下。背部应该平直或稍微弓起。肩膀往后靠，胸部往前挺。

（3）向前看，深吸气。脚跟对地面施力，收缩股四头肌和臀肌，将杠铃从地面提起来。保持背部笔直，横杠接近身体。身体站直，但不要让膝关节发生交锁。呼气。

（4）吸气，慢慢放下杠铃，回到起始位置。

2. 锻炼的肌肉

（1）主要肌群。竖脊肌、股直肌、臀大肌和腘绳肌。

（2）辅助肌群。肩胛稳定肌群（比如斜方肌）、腹直肌、腹外斜肌、腹内斜肌、前臂肌群（主要是手腕和手指屈肌，包括桡侧腕屈肌、尺侧腕屈肌、掌长肌、指浅屈肌、指深屈肌和拇长屈肌）、股外侧肌、股内侧肌和股中间肌。

3. 对足球训练的影响

硬举属于全身训练，几乎每本体育训练手册都会有所描述。这项训练要求腿部、臀部、躯干和背部出力。如果从来没有练过这样的硬举，则会认为它很容易，但是使用杠铃增加了它的复杂性，让原本平滑的动作变得困难。进行训练时最好获得一些现场指导，确保正确、安全地举起杠铃。在举起的过程中弓背可能会导致椎间盘突出，因此要保持抬头。低头看杠铃会导致弓背。此外，在举起的过程中不要弯曲前臂，因为这会给肱二头肌带来不必要的压力。姿势是关键，练习硬举时一定不要图省事走捷径。

第二节 新时代校园足球运动员的群体凝聚力培养

运动团队凝聚力（sport group cohesion）是运动团体成员之间心理结合力的总体，是运动团体成员在目标、情感和行为上的整合力量，它深刻影响着体育训练效果和比赛成绩。研究中国新时代校园足球运动的可持续发展，离不开对新时代校园足球运动员的群体凝聚力的剖析与探索。

一、群体凝聚力概述

（一）凝聚力的概念

凝聚力起源于拉丁，是联合合并的意思。对于这个词语的定义，在20世纪

30 年代就有一定的探讨，而且在相关学科里也有明确解释。凝聚力是团队成员的心理精神方面的一股无形的力量，有了这股坚定的力量，就可以使团队人们的共同外部力量转化成为内部的强大力量。

在一个团队里面，一些人会产生一股莫名的力量，这股力量促使他们为了组织共同努力，为了同一个目标共同奋斗；有了这股力量，这些人们就团结在一起，这股力量被称为凝聚力。[1] 这两种定义就是最初人们对凝聚力的定义，这个定义是从群体成员的方面来解释的，有了凝聚力就有了共同的坚定信念，有了共同的坚定信念就会将群体成员的目标和力量都集中在一起，共同朝着一个方向坚持。这个力量，也就是凝聚力，属于群体的共同属性。凝聚力就是在团队中共同工作，共同在工作中为了一个目标努力，在工作中起着引领主导作用的力量。[2] 也就是说，不同的人对凝聚力都有着不同的见解，只是角度和立场不同，所以就会有不同的关于凝聚力的解释。总体来说，Carron 等学者对于凝聚力的定义提出来的解释，相对来说是很全面的（见图 5-1）[3]，关于它的解释，有三个不同的假设。

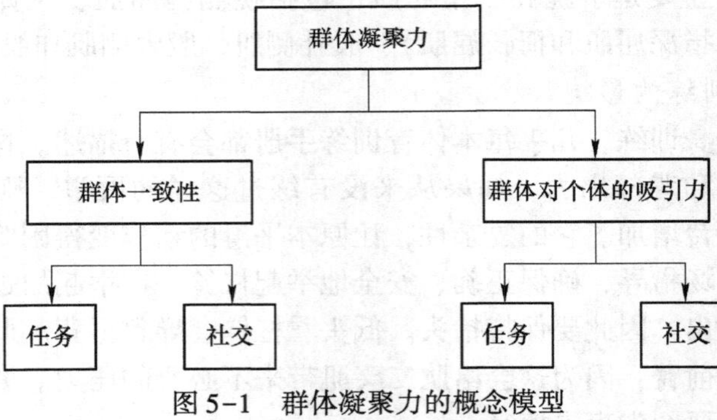

图 5-1　群体凝聚力的概念模型

首先，作为属性，凝聚力可以从团队里面各个成员的反映来考量评价。其次，凝聚力可以不断团结群体内各成员，还可以让团队成员拥有共同的理念信念。最后，团队内人员对于全体的反应表现在团队共同的目的目标和团队的社会交际社会关系方面。通过这三个假设，可以产生四个维度，分别为群体任务吸引、群体关系吸引、群体目标相同和群体社交相同性。

除了以上四个维度以外，凝聚力还具有其他的特性。

第一，凝聚力一直都是有变化的，在发展的，不是瞬间的，不是静止的，

---

[1] 张力为，任未多，季浏，等．体育运动心理学研究进展［M］．北京：高等教育出版社，2000.

[2] ［美］布赖恩·特丁克瑞蒂．体育社会心理学［M］．张桂芬，刘东，译．武汉：武汉大学出版社，1985.

[3] 王斌，马红宇．体育组织行为学［M］．武汉：华中师范大学出版社，2010.

是跳跃的、活泛的，会随着群体的发展而产生不同的变化，具有不同的内容性质。

第二，凝聚力也是一种利用工具，群体里用这个力量来达到共同的目标。正是有了这个力量，才可以让群体产生并发展。

第三，凝聚力来源于人们的精神层面，具有主观情感，可以对群体的发展起到引领的作用。

因为之前的定义都没有清晰地指明凝聚力的定义方向，为了弥补这个不足，Carron 提出了一个关于凝聚力的解释的一般理论模型，如图 5-2 所示❶。这个模型涵盖了凝聚力的形成因素、产生结果和整体机构。形成因素包括四个方面：环境影响、个人原因、领导能力和团队整体质量。产生结果可以分成两个方面：整体产生的结果和个人产生的结果。这其中，不同的类别又受不同的细微因素影响和制约。

总体来讲，无论是大类别的影响，还是细微方面的影响，都是由团队个人的感知情感产生的，也是由于人的认知不同，才会有不同的凝聚力动力来促进群体的发展。

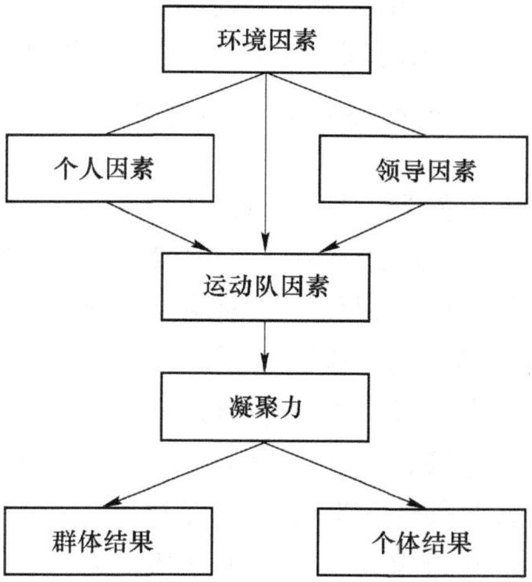

图 5-2　运动队凝聚力理论模型

除了国外的学者对凝聚力有研究，我国的学者也对凝聚力有着不同的认识，其中我国的运动心理学者张忠秋觉得凝聚力在运动群体里的作用是将群体成员的目的方向、个体情感和运动活动三方面整体团结起来。❷ 管理心理学学者卢盛忠

❶ 王斌，马红宇．体育组织行为学［M］．武汉：华中师范大学出版社，2010.

❷ 张忠秋．运动群体凝聚力主要表现特征与培养方式探讨［J］．体育科学，1996：68～72.

等人认为凝聚力是一种吸引力，能够吸引成员组成群体，成为整体以后又会使个人之间相互吸引。[1] 其他学者，如马启伟、张力为等人，对于凝聚力又有不同的认知，认为凝聚力是精神层面的总体结合；而且不单单是整个团体的凝聚力，还是个人的精神世界的力量。[2] 丁雪琴、殷恒蝉等认为凝聚力是掌控整个团队为了共同的目标共同奋斗的引领力量。[3] 管理学学者程正方等人也对凝聚力做了解释：群体吸引个体，个体之间互帮互助的程度和力量。[4]

无论有多少种定义，在我国，都是以 Carron 的理论研究模型作为运动群体凝聚力的研究基础，这项研究又将凝聚力解释为：为了一定的目的，为了完成练习和达到比赛的结果，运动员自发主动地聚在一起，共同奋斗，不断努力达到奋斗目标的变化发展的过程。前后都是不同的关键注重点，前者是团队成员为了同一个目标共同奋斗的程度，后者是成员之间惺惺相惜，自动组队的程度。

（二）群体的概念

这里所说的群体，简单地说就是很多人聚在一起做事；复杂地说，就是不同的身份地位、不同的才艺本事、不同的学识成分的人聚在一起做事情的广大的独特的团队。群体里面的成员都是互帮互助、取长补短，有着相同的奋斗目标，有着共同的前进方向：同时又具有自己的决定和想法，并且为之行动的整体单位。

凝聚力的定义有着历史发展，同样地，团队的概念也有着不同的发展历史。在经济学领域，学者 Alchain 和 Demsmh 在 1972 年发布了一遍关于企业的论文，论文里面提出了对于团队的定义解释，这篇论文名字是《生产、信息、费用与经济组织》，里面对于团队的解释，首先确定了团队生产的定义，认为团队生产中，对于个人对团队效益的付出是没有办法清晰计算的，而且也不能以个人之间单纯付出的综合来计算。除了经济领域，人力资源管理领域也对团队做出了解释，认为工作团队要想优秀，就必须让团队成员全部有凝聚力、有创造力，自动自发地为了目标而付出行动。这同时也符合了管理学里面对于员工之间相互协作和互相支撑的哲学思想。[5] 除了这两个领域对于团队定义的探索，美国学者乔恩对于团队也有自己的理解，在他的《团队的智慧》这本书里面，将团队做了进一步的

[1] 卢盛忠，郑全全，王重鸣，等．管理心理学［M］．杭州：浙江教育出版社，1998.

[2] 马启伟，张力为．体育运动心理学［M］．杭州：浙江教育出版社，1998.

[3] 丁雪琴，殷恒蝉．运动心理训练与评价［M］．北京：北京出版社，1997.

[4] 程正方．现代管理心理学［M］．北京：北京师范大学出版社，1999.

[5] 王艳燕．企业高层管理团队构成与团队凝聚力的实证研究［D］．大连：大连理工大学，2005：11～52.

补充完善，也让大家都认同的定义，即团队就是成员之间互补互助，为了共同的方向，同一个目的共同奋进的正式的群体组织。❶ 从体育领域来说，卡伦就曾说过，体育运动中的成员在相同的制度相同的目的的引导下，共同完成运动任务的组织群体。❷

有了团队作基础，才能将成员之间的关系调动好，让成员更努力，更主动地利用组织的力量，来更加有效地完成团队的目标。团队想要成立起来，就必须将团队的精神世界确定好，这是国内外所有团队建设的重要基础。国外，团队组织仅仅在公司单位里面存在，但是各种各样的团队建设的专家备受推崇，团队精神的魅力遍布世界各地，分布在社会各界各方。❸ 团队因为比较小体，相互间的凝聚力量更加强大，这就是团队和群体的不同之处，团队成员之间更加具有合作性。团队里面的成员必须相互合作，努力协作，但是群体不一样，群体不注重个体之间的通力合作。许多群体单位都需要建立团队，利用团队来达到目标，因为团队之间可以相互帮助协作，个体之间的技能也可以取长补短，这样的各项机能都具备，互相帮助协作的群体能够更好地达到想要达到的目的目标。

图 5-3 所示为团队构成要素图。

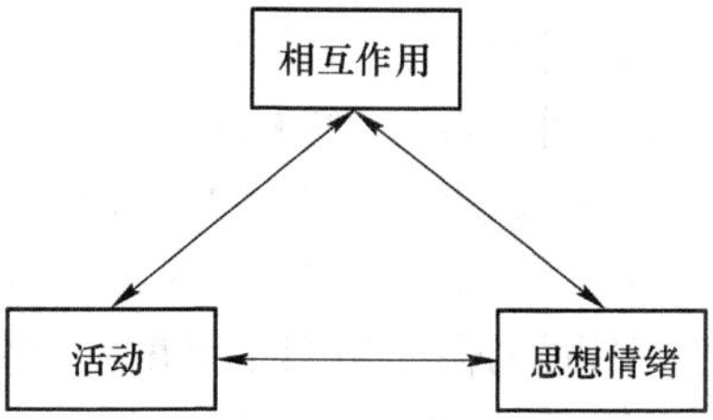

图 5-3 团队构成要素

团队有很多，类型也各式各样，团队大小也不一样。不同的团队具有不同的特点。纽约的学者汤普森曾经根据团队成员间对于信息资源的交换程度的不同，对团队的作业的相互依附性进行了三种区分：集合互依性、次递互依性和循环互依性。通过汤普森的进一步研究，方德万又对互依性做了进一步补充，就是协同互依性，共计四种互依性。这种互依性，就是指团体成员之间相互依存、相互帮助的程度，这种特性足以让团队与个体和小群体区分开来。根据团队任务的相互依存程度的不同，可以将运动项目团队区分为以下四大类别：几何形图案团队、次递型团队、循环性团队和协同性团队。

团队里面的成员就是团队角色，它们会在为了目标付出努力的时候带动成员

❶ 乔恩·卡曾巴赫．团队的智慧［M］．北京：经济科学出版社，1999.

❷ 王斌，马红宇．体育组织行为学［M］．武汉：华中师范大学出版社，2010.

❸ 吴玉良．团队为王——凝聚群体的力量［M］．北京：中国物资出版社，2004.

之间的相互帮助和协作，这个过程中表现出来的活动和运动行为就是团队角色。成员之间的不同举动、不同地位都会对团队的成果有不同的影响，影响团队行为的活动能力和结果成效。[1] 团队里面的角色，可以从不同的方面来解释，首先，从人类社会学方面来说，角色是指具有一定社会地位的人的社会价值观、道德观，以及这个人的态度和行为运动能力的综合整体。与此同时，角色也是和这个人的背景身份有关联的。其中 Linton 是这样解释角色的：个体在社会地位和社会身份中所表现出来的并且与他的身份地位相匹配的行为。从心理学的方面来分析，Biddle 又将角色解释为：由于自身的身份地位，想要达到相对应的目标，为了达到目标采取行动的过程中的反应，同时团队里面的任何一个成员的身份地位都是需要有其成员自身的期望的。同时，成员之间的身份地位不同，成员的性格情感魅力也不同，对个人自身的个性的预期就是角色的定义。[2]

二、影响新时代校园足球运动员群体凝聚力的因素研究

（一）群体凝聚力量表的信效度检验

1. 群体环境问卷效度检验

通过群体环境问卷，可以更加广泛更加全面地了解体育运动领域中群体凝聚力的问题，并继续加强或者改进。GEQ 注重的是成员自身对于群体凝聚力的自身感受，主要包括两大方面：一是成员是否能被群体力量所吸引；二是成员是如何看待理解整个群体的。这两个方面又可以单独划分为两个方面：一个是任务；一个是社会关系，即社交。因而也会产生四个维度：群体任务吸引（ATGT）、群体社交吸引（ATGS）、群体任务一致性（GIT）、群体社交一致性（GIS）。第一个维度指的是运动员对其所在的团体的任务、行动和团体任务目标的感受认识；第二个维度是指团队成员在团队内做的活动和主动参与行为想达到目标的程度，及成员在与整体接触过程中的感受；第三个维度就是指成员对自身的认知，与整体任务的共同点和联通点的感受认知。

2. 群体环境问卷信度检验

通过对群体环境问卷进行同质性信度检验发现，群体环境问卷（GEQ）科隆巴赫 α 系数为 0.862，群体社交吸引（ATGS）、群体任务一致性（GIT）两个分量表 α 系数为 0.869、0.857，Cronbacha 值大于 0.70 时，属于高信度（下同），[3] 而群体任务吸引（ATGT）、群体社交一致性（GIS）两个分量表 α 系数为：

---

[1] R. 梅雷迪斯·贝尔滨．管理团队——成败启示录［M］．郑海涛，译．北京：机械工业出版社，2001.

[2] 袁炳耀．企业团队角色组合与团队绩效的关系研究［D］．杭州：浙江工商大学，2008：11～68.

[3] 荣泰生．AMOS 与研究方法（第 2 版）［M］．重庆：重庆大学出版社，2010.

0.460、0.406，可能是量表题目较少，样本含量等原因导致信度系数较小，依 0.35≤Cronbacha 值<0.70 时，属于尚可。研究者认为其信度可以接受。

综上所述，群体环境问卷具有较好的信度和效度，所测得的数据资料可以用于研究。

（二）青少年足球运动员群体凝聚力综述

群体的凝聚力是区分整体体系的特殊性质，是群体团聚、联合、黏结的属性。足球运动队想要打赢比赛，就需要队内的运动员共同努力，一起接受足球训练，一起承受比赛压力，这样才能达到共同的目标。足球运动员的实际运动说明，除了队员的球技和踢球策略以外，队员们的凝聚力对于球队的成绩起着非常重要的作用。足球运动是多人协力合作才能完成的，球员之间相互配合才能达到最终目的、完成比赛，这就体现出了凝聚力在球队中的重要作用，无可替代。

单因子多因素方差分析方法主要对一个自变量、两个以上因变量的检验起着很重要的作用，这里的因变量是一直变化、持续改变的；自变量为类别变量，是一个时段一个时段的变化的，属于间断变量。采用单因子多因素方差分析法，可以对不同年龄段、不同的性别和不同训练程度的青少年足球运动员进行群体凝聚力的考量评价；同时也可检验凝聚力四个不同维度上是否有差异，存在的差异性是否达到显著水平。

检测结果表明，我国青少年足球运动员的群体凝聚力较高，男子运动员的凝聚力比女子高。随着年龄增长，青少年足球运动员的凝聚力先升高后下降，在 15～16 岁达到最高值；在训练年限方面，3～4 年训练年限的运动员凝聚力最高。

三、新时代校园足球运动员的成就动机研究

成就动机（achievement motivation）就是说在完成任务的同时，想要全力达到目标的精神思想上的动力因子。也就是指个体愿意去做、自愿去做，并且认为所做的事情有价值有意义，为了达到事情的目标而做出全部努力的一种无形的推动力量。成就动机被奥伦特凯（T. H. Ollendick，1977）归纳为："在广阔的环境背景中想要达到完美结果的期望和目的。[1]"麦克里兰（Mcclelland）和阿特金森（Atkinson）也对成就动机做了新的解释："在拥有相对完善的标准的竞争当中对成功的高度重视。"另一名学者罗森也有新的观点：一个人如果有野心胜过其他人，这个心愿就是它的成就动机。

想要达到个体的成就动机，必须依靠两种稳定的倾向，这两个倾向就是希望成功、害怕失败。这两个倾向想要共同起作用，就需要有特定的成就来对个体进行引导，这个指引者就是成就动机，也就是害怕失败、希望成功的结合体。如果

[1] H. E. Mitzled. Encyclopediaofeducationresearch［M］. New York：Macmitlian，1982：1256～1263.

比起害怕失败，更加希望成功的话，个体就会选择容易完成的任务，去达到希望成功的期许；相反，害怕失败大于希望成功的时候，个体就会选择比较困难的任务去执行，这样就算失败也可以归咎于任务难度大。前者就是为了成功，由成功支配；后者主要受控于失败。当两者趋于平衡的时候，个体就很难做出决定，犹豫不决。

1980 年，日本的心理学家松田岩男和他的同行组成了特别的组织团队，对于运动动机测试表进行了专业的研制工作。经过 3 年对运动动机测试表的内容、方式方法和信度等进行标准程序化检验，松田岩男等相关组织将这项测试表应用到了各种不同类型的运动项目当中去。我国的叶平在《运动员的运动成就动机的差异》中测试了体育专业的学生和专业的体育运动员，并且从运动员的不同性别、不同的运动项目类别和运动员的不同运动水平方面进行了分析，得出了不同的运动技能竞争动机的特点。刘志云在《我国少年足球运动员的成就动机特征及模式》中，特别讨论了青少年足球运动员的成就动机的特点，并且根据不同等级的划分标准，阐述出来了不同的成就动机模式。同时，宋全征在《我国优秀田径运动员运动动机的量化研究》中，对比了不同性别和不同技术等级的运动员。结果显示不同运动员之间具有不同程度的差异。

从运动项目类别来看，足球运动需要团体合作才能完成，需要成员之间互相协作，有共同的成功愿望，运动员都是怀着成功的期望来进行比赛，有了这个愿望，才能更好地投入，全身心地、自主自动地进行比赛。各项研究表明，具有较高的成就动机的个体，无论从事何种工作，都具有高度的求胜心理，也都希望去完成高难度的任务，这样的个体会积极主动地去工作；而且，这种个体认为成功与否都是取决于个体本身能力强弱程度。所以当他们面对失败的时候、面对困难的时候，都会表现得更加坚强、坚定，这样的运动员正是我们想要的。

（一）运动员成就动机量表的信效度检验

1. 运动员成就动机量表的效度检验

采用成就动机的问卷调查，可以有效地得到运动员对于比赛和训练的渴望成功的内部动力因子。此处采用的是杨勇修订的《运动成就动机量表》，通过这个量表来检验运动员的成就动机。此量表共涉及 23 个项目、2 个分量表。项目用来测量成就动机，分量表用来测量避免失败动机。追求成就动机就意味着不断坚持奔向目标；避免失败动机意味着并不参与成就行为，全力脱离失败。可以运用 Likert 5 点（从“非常同意”到“非常不同意”）量表进行评分。[1]

[1] 张力为，毛志雄．体育科学常用心理学量表（第 2 版）［M］．北京：北京体育大学出版社，2010.

经过专业的运动教练和足球专家的研究，并配合多位心理学博士和专家的意见，可以得出结论，那就是运动员的成就动机问卷，对于青少年足球队伍的研究与使用也同样具有作用。采用 AMOS17.0 对运动员的成就动机调查问卷进行深度研究，通过验证结果可以得出如下结论。

从验证性因素分析的结果来看，卡方自由度比值（x^2/d_f）小于 3 表示模型适配度良好；运动员成就动机量表测得的值为 2.171<3，表示模型适配良好。PGF1 的值大于 0.5，其他指标 AGF1、T11 的值均大于 0.90。有个别值（GFI = 0.881、CFI = 0.854、IFI = 0.871）略小于 0.90 但也都非常接近 0.90，RMSEA 值为 0.079，小于 0.08，可见虽然模型拟合程度未达到特别理想程度，研究者认为模型尚可以接受。另外，评价测量模型的主要指标还包括每个观测变量在潜变量上的负荷。分析每一题项的因素负荷发现，每个观测变量在相应潜变量上的负荷在 0.48～0.73 之间，说明每个观测变量对相应的潜变量的解释较大。

纵观以上指标，得出运动员成就动机问卷的双因素模型结构得到了数据的验证，基本上处于可以接受的范围。

2. 运动员成就动机量表的信度检验

对成就动机问卷进行同质性信度检验，其结果见表 5-1 可以看出，AMS 科隆巴赫 α 系数为 0.766，其中追求成就动机（M_s）、避免失败动机（M_f）两个分量表 α 系数分别为 0.871、0.849，依 Cronbacha 值，当不小于 0.70 时，属于高信度。❶

表 5-1　运动员成就动机问卷同质性信度检验表（n=351）

指数	项数	科隆巴赫 α
AMS	23	0.766
M_s	13	0.871
M_f	10	0.849

综上所述，成就动机问卷具有较好的信度和效度，所测得的数据资料可以用来做研究使用。

（二）成就动机研究分析

1. 成就动机的总体情况概述

由表 5-2 可以看出，我国青少年足球运动员在成就动机两个维度的得分，追

❶ 荣泰生 . AMOS 与研究方法（第 2 版）［M］. 重庆：重庆大学出版社，2010.

求成就动机（M_s）的得分（3.89）比避免失败动机（M_f）的得分（2.74）要高。这说明我国青少年足球运动员对取得成功具有更稳定、更长期的兴趣，追求成功的动机高于回避失败的动机。通过不断研究得出结论，成就动机和人的胜负欲望是相通的，也就是说一个人的胜负的预估水平如何，关系着成就动机的水平。❶ 通常来讲，成就动机越强，想要做的事情越难，这是因为越难的事情越具有挑战性，也更能满足这个人想要成功的心理。

表 5-2 我国青少年足球运动成就动机各维度平均数、标准差一览表

序号	维度	M	SD
1	M_s	3.89	0.64
2	M_f	2.74	0.83

成就动机是一个社会性的动机系统，比较复杂，不但具有较深的人格特质成分、价值观念成分，而且还有原因方面的情景性成分，因为成就动机的构成比较复杂，所以，造成了成就动机的复杂性。就培养成就动机而言，首先应该在科学理论的指导下；其次需要结合有效的自我监控和行为指导，通过系统安排适宜于不同层次成就动机的具体训练，使人看到自己的进步，并且体会到努力后的成就感，通过成功唤起个体情感的积极反应，才能从根本上改善其成就目标、成就行为及其结果。

2. 不同性别的成就动机分析

从表 5-3 可以看出，不同性别青少年足球运动员在追求成就动机（M_s）（$F=3.14$，$P=0.077>0.05$）未见显著性差异；避免失败动机（M_f）（$F=5.09$，$P=0.025<0.05$）达到显著性差异，这说明在追求失败动机维度上不同性别青少年足球运动员存在显著性差异。从表 5-4 可知，女运动员的避免失败动机的得分（2.85）比男运动员高（2.66）。根据成就动机得分公式（成就动机得分 = M_s 分量表的得分 − M_f 分量表的得分），得分越高，说明成就动机水平越高。❷

表 5-3 不同性别青少年足球运动员成就动机主体间效应检验

变异来源	因变量	Ⅲ型平方和	d_f	均方	sig	偏 Eta 方
性别	M_s	1.27	1	1.27	0.077	0.009
	M_f	3.48	1	3.48	0.025	0.014

❶ 叶奕乾，何存道，梁宁建，等. 普通心理学 [M]. 上海：华东师范大学出版社，1997.

❷ 张力为，毛志雄. 体育科学常用心理量表评定手册（第 2 版）[M]. 北京：北京体育大学出版社，2004.

表 5-4 不同性别青少年足球运动员成就动机各维度差异描述统计量

维度指标	男			女		
	M	SD	N	M	SD	N
M_s	3.94	0.69	197	3.82	0.56	154
M_f	2.66	0.9	197	2.85	0.72	154

所以，我国青少年足球运动员男的成就动机比女运动员高。这一结论与叶平（1997）的结论是一致的，在性别差异方面，男运动员的获胜愿望高于女运动员。[1] 造成这种差异的原因是多方面的，包括生活条件、教育水平、家庭背景等各种因素的影响。自古以来，我国对于男女地位就有着不同的看法和偏见，更多的是重男轻女，认为男性是家庭的主导者，是支撑者，是家庭经济的主要来源，因此更加强调男性工作的重要性。相反，女性多为相夫教子，对于事业不是十分看重。因为男女的社会地位不同，对于男女的要求也不一样。比如男性更勇敢，女性更温柔，男性更容易突破困难，更容易成功。女性避免失败的得分要显著高于男性得分，是性别角色的刻板印象、性别歧视以及性别角色社会化等种种社会力量共同作用的结果。

3. 不同年龄的成就动机分析

从表 5-5 情况来看，运动成就动机的不同维度随着年龄的增长表现出不同的变化特点。其中追求成就动机（M_s）随着年龄的不断增长，得分（U-15=3.96，U-16=3.91，U-17=3.88，U-19=3.74）逐渐降低，而避免失败动机（M_f）随着年龄的不断增长得分（U-15=2.86，U-16=2.73，U-17=2.63。U-19=2.77）呈现先降低后升高的变化特点。

表 5-5 不同年龄青少年足球运动员成就动机各维度描述统计量

维度指标	15 岁以下			15～16 岁			16～17 岁			17～19 岁		
	M	SD	N	M	SD	N	M	SD	N	M	SD	N
M_s	3.96	0.61	62	3.91	0.66	185	3.88	0.53	58	3.74	0.68	46
M_f	2.86	0.84	62	2.73	0.83	185	2.63	0.82	58	2.77	0.8	46

4. 不同训练年限的成就动机分析

根据青少年足球运动员参加足球专业训练的时间长短将其分为三个组别：第一组为训练 1～2 年组、第二组为训练 3～4 年组和第三组为训练 4 年以上组。为研究不同训练年限我国青少年足球运动员成就动机之间的差异，运用单因子多因

[1] 叶平．日本大学生运动员运动成就动机的性别、项目和运动经验年数差异［J］．成都体育学院学报，1997.

素方差法（MANOVA）对不同训练年限的青少年足球运动员成就动机情况进行统计分析。表5-6结果显示不同训练年限青少年足球运动员在成就动机方面未见显著性差异（Wilkslambda=0.983，F（4.694）=1.474，P=0.208>0.05）。

表5-6　不同训练年限青少年足球运动员成就动机各维度描述统计量

维度指标	1~2年			3~4年			4年以上		
	M	SD	N	M	SD	N	M	SD	N
M_s	3.88	0.58	100	3.93	0.66	183	3.8	0.66	68
M_f	2.88	0.73	100	2.68	0.88	183	2.71	0.82	68

总之，青少年足球运动员随着训练年限的增加，运动成就动机未发生显著性变化。因此，运动训练年限尚不是一个检验运动成就动机差异的变量。

第六章

新时代校园足球运动的可持续发展与战略研究

在可持续发展和系统科学理论的基础上，我国校园足球可持续发展系统应进行全面构建。本章从新时代校园足球运动与可持续发展的辩证关系、学校功能与新时代校园足球运动可持续发展的辩证关系两个方面入手，解读可持续发展战略，并进一步阐述新时代校园足球运动可持续发展的意义和原则；同时对新时代校园足球运动可持续发展的战略制定和推进给出建议。

第一节　可持续发展战略的解读

万事万物之间以及事物的组成要素之间都是普遍存在联系的，没有无缘无故的产生，也没有莫名其妙的消失，事物之间是紧密联系存在的，而新时代校园足球活动的开展亦是受到可持续发展理念制约的；与此同时，可持续发展理念亦促进了校园足球活动的顺利开展，为其创造了有利的条件。

一、可持续发展制约新时代校园足球运动的开展

可持续发展的实现是由发展的阶段上升到可持续阶段的高度，是发展的特殊状态。新时代校园足球活动在开展过程中存在的诸多问题与不足，都影响了其顺利、高效开展。

校园足球运动要走可持续发展道路，可持续发展理论要求校园足球必须在充分利用当前现有优越条件的基础下，既不浪费资源又不影响今后长期、高效的开展。所以可持续发展理论在一定程度上成为校园足球活动发展的限制条件，从而制约了校园足球的发展。

二、可持续发展促进新时代校园足球运动可持续发展

开展新时代校园足球活动的目的是促进中小学生身心健康、普及青少年足球运动、培养更多足球爱好者，是促进、提高我国足球运动发展的战略措施，所以校园足球在开展过程中必须根据我国当前足球运动现状，遵循青少足球运动发展的规律，受到相关单位、部门的限制和约束，这是其健康发展的前提条件，是实现校园足球活动持续发展的基本保障。可持续发展的概念强调的是连续的、长期的、有效的发展，所以校园足球的发展也必走可持续发展的道路。可持续发展的概念与理论为校园足球活动的开展提供了理论依据与参考，为校园足球的发展提供了有利的条件。

第二节　新时代校园足球运动可持续发展的意义和原则

一、新时代校园足球运动可持续发展的意义

（1）准确描绘和检测校园足球特定区域内时间点上的发展现状和水平，全面反映校园足球发展中的实际状况，以及校园足球发展的整体变化规律，进而确定校园足球可持续发展的稳定性。

（2）对于同一时间点上不同地区校园足球可持续发展水平，以及同一地区在不同时间阶段校园足球的发展状况，都可以利用校园足球可持续发展评价来相互比对，帮助人们直观地了解可持续发展状况。

（3）一定程度上，对校园足球进行综合性、全面性、科学性评价，根据相关评价提出具体的发展意见和策略，可以帮助政府和校园足球的决策部门更好地制定未来发展方向。

二、新时代校园足球运动可持续发展原则

（一）整体性原则

在系统的科学研究中，其关键就是有一定的整体特征，而所谓的整体涌现性，就是要求各部分之和不及整体。尽管整体是由多个部分组成，但整体有着部门没有的特性，诸如形态、功能等，而这些特定形态、功能存在的前提是整体存在。

系统整体涌现性[1]的存在，是对组分或子系统在质方面的提升和升华。一定程度上，系统的规模取决于系统组分或子系统的数量，顾名思义规模效应就是系统的规模大小决定着系统的特征；结构效应则是子系统依据一定的结构方式在相

[1] 苗东升．论系统思维（六）．重在把握系统的整体涌现性［J］．系统科学学报，2006（1）：1～5.

互作用下激发出来的效应。

因此，在结构效应和规模效应的双重效应下，产生了整体涌现性，其中，占有关键地位的是结构效应。

（二）目的性原则

何谓系统的目的，就是指系统所希望实现的目的或者也可以称为实现的一种满意状态，这里所讲的目的是贯穿于整个系统之中的。而针对校园足球这个系统来讲，实现其可持续性就是其发展的目标，而衡量评价具体的指标体系方能达到目的性。整个系统的运行应把握好调整和控制，才能更好地实现校园足球可持续发展的目的；而系统发展最终目的的实现，需要利用规范系统的各项行为来满足系统的发展要求。

（三）动态性原则

校园足球的可持续发展是一个长期、多变且处于动态的发展过程。为让校园足球更好地适应社会的发展和教育的需求，必须适时调整处于不同发展阶段的校园足球相对应需要的系统结构、功能、目标和运行机制。

从长期的实践探索中发现，当校园足球发展轨迹与青少年成长成才规律和教育发展规律不符时，此时的系统机制对双方发展都没有促进作用；而是会阻碍其发展。所以要想更好地监控系统的长期发展就必须建立一种“动态演化过程监督与调控机制”，或称为“系统的预警与调控机制”，保证系统的发展方向。

三、足球文化对校园足球运动的可持续发展研究

足球在体育界是一项广泛的运动项目，相较于竞技类足球比赛，社会化的足球运动发展较为缓慢，尤其是在我国。足球这个比赛项目融合了体力、智力、团结合作的众多意志品质，理应成为社会体育发展的对象。在这个过程中，校园足球运动的发展情况往往在很大程度上制约着足球运动的社会化发展程度。

校园足球文化是指在校园这个特定的环境中，在足球教学、比赛活动的过程中形成的物质层面和精神层面财富的总和。校园足球可以在很大程度上代表校园体育运动的发展情况，校园足球文化涉及很多教学环节，使之成为校园文化的有力组成部分。因此，校园足球运动的发展可以促进校园足球文化的进步，校园体育运动也会最终得到发展。

（一）保证校园足球运动健康发展，树立校园足球文化理念

足球文化的可持续发展首先应该从制度上加以保证，在校园足球的发展过程中，首先应该有制度上的保证和能够健康发展的管理环境。其次，要从思想上将学生的成长、成才与足球运动的有序发展联系起来。学校可以定期开展足球比赛

活动和与之相关的文化活动，使每一位在校学生都能够了解并热爱足球这项运动。最后，应加强能够促进足球运动发展的场地建设，提供舒适的硬件条件让学生能够参与到足球运动中去。在这样的浓郁的足球文化氛围下，能够促使学生更加喜爱并参与到足球运动中去。多组织一些校内外的足球比赛，使学生掌握更多的足球技巧，不断提升自身综合能力，在比赛中，不断提高自身团队合作意识，促进足球事业的可持续发展。

（二）积极开展校园足球赛事，全面提高学生综合素质

组织开展校园足球赛事应积极响应国家阳光体育的号召，结合地区特点和学生自身实际情况，有序开展足球运动赛事，并在舆论上加以有效引导，能够使每一位参赛学生都切身感受足球运动的良好氛围，加深对足球的理解，从而全面提升学生综合素质和水平。

为提高学生比赛技巧，有条件的学校可以聘请专业的足球教练、裁判，指导学生进行专业化的训练和比赛，对一些有潜力和天赋的学生，可以在父母的支持下重点培养。

（三）加强足球的外在文化设计，努力营造良好的校园文化氛围

一个学校的日常文化氛围对学生内心文化思想的形成具有潜移默化的影响。所以，学校在努力构建校园足球文化的过程中，要花大力气在这方面下功夫，要提高足球在学生心目中的位置。首先要使足球能够吸引学生，进而引导学生参与到足球运动当中去。例如，很多学校在组织足球比赛的时候，通过张贴宣传栏或海报的形式让学生们自己发挥特长，给他们提供一个展示自我的平台。

构建健康的校园足球文化对促进足球事业的大发展有深远的影响，学校应该结合自身特色，有针对性地开展这项建设。要在建设健康校园足球文化的过程中，保证学校各项活动的有序开展。机动灵活地开展校园足球运动，不仅可以提升学生的足球运动技巧，而且可以带动综合素质的提高，这也是构建校园足球文化的目的所在。

第三节　新时代校园足球运动可持续发展战略的制定与推进建议

一、新时代校园足球运动可持续发展战略的制定

（一）制定依据

1. 足球运动发展的本质规律

依据众多经验和发展实际来看，新时代的足球发展将是全方位的，不仅仅局

限于战术、训练理念这一个简单的角度，更多地还应注重足球人才的发展以及将足球打造成产业链。唯有足球相关的发展要素都协调统一了，足球运动才能得到可持续发展。而以上这些要素的发展都是建立在足球运动发展的本质规律之上的，完全背离了足球发展的本质规律，可想而知，要素所期望实现的效果是难以达成了，所以新时代校园足球可持续发展战略的制定必须是依据足球发展的本质规律进行的，否则非但不会实现目标，反而会事倍功半。

2. 足球发展的内外部条件

在开展校园足球运动的过程中，校园内外部条件的好坏将直接影响校园足球运动的开发，并且，这些因素有可能是决定足球发展成败的关键，例如最常见的就是足球场地的设置是否满足足球队员训练的条件，会不会损害他们的身体健康。所以，研究新时代校园足球发展的内外部条件也是制定新时代校园足球可持续发展战略的重要依据之一。

3. 足球运动发展的要求

青少年是足球运动的后备力量，对我国足球运动的可持续发展具有深远的影响。在校园足球运动中，青少年是参与的主体。因此，对青少年这一参与主体的研究，也是制定校园足球可持续发展战略的重要依据之一。

4. 借鉴发达国家校园足球运动发展的成功经验

制定一个科学、合理的校园足球运动可持续发展战略非常重要，是一项系统的工程。目前，我国的足球运动水平与世界足球强国相比还存在着巨大的差距，短时间内难以跟上，在制定新时代校园足球可持续发展战略时可以参考和借鉴世界足球强国的先进经验和方法，并结合我国的特色，构建一个适合我国校园足球运动发展的模式。

（二）战略思想

在制定新时代校园足球运动的可持续发展战略前，首先就要有一个明确的指导思想。正确的指导思想能为校园足球可持续发展战略提供科学的保障。可以说，影响战略决策水平高低的关键因素是指导思想水平的高低。

一个正确的指导思想除了可以囊括整个校园足球的发展战略设想外，还可以对未来校园足球发展做出战略性的预判。在规划设计校园足球发展战略时，除了需要全方位地考虑我国当前校园足球的发展现状，还需要实时跟随国际先进足球国家的发展思想，并且学习他们的先进经验。当前，我国已经初步确立了青少年足球运动发展的总体战略指导思想。以建设体育强国为动力，以足球运动发展规律为基础，深入学习《关于开展校园足球运动的通知》的精神，将增强学生整体素质、推广和普及足球运动作为己任，深入加强贯彻“快乐足球”和“回归运动”理念，扩大普及和提高足球运动在学生中的影响力，建立健全以中国特色为主的青少年足球人才培养体系。

（三）战略目标

战略目标的设定是新时代校园足球可持续发展战略顺利实施的重中之重。作为活动设立的核心所在，战略目标不仅要有前瞻性，而且必须是长期的、可持续的。所以战略目标的设立必须是结合实际情况设立的，通常可将校园足球发展战略目标主要分为宏观目标和具体目标。

1. 宏观目标

在一段时期内，构建一个与社会主义市场经济体制相适应、具有中国特色的校园足球培养体系；建立完备的、高效的校园足球管理体制和运行机制；促进校园足球人口的大量增加，构建一个足球运动发展的浓厚氛围等。

2. 具体目标

要想长期发展新时代校园足球只设立一个宏观目标是不够的，还应该有许多个小目标进行督促，就其实本质来讲小目标组成了宏观目标。尽管具体目标是由宏观目标衍生出来的，但是并不意味着具体目标就可以随意设置，还是需要有一些具体事项的。具体包括如下内容：

第一，设置的具体目标必须结合实际情况、操作执行较强的目标，并且还必须是围绕整体目标的，能确保最终的宏观目标有效执行。

第二，在设置具体目标时一定是要遵循宏观目标的各种要素，最常遇到的就是资金的控制、人才的调配和技术的保障等。

第三，设置的具体目标要遵循协调一致、稳打稳扎的原则去不断促进校园足球整体目标的顺利实现。

结合当前校园足球实际发展状况，可以将其发展目标分为以下几方面：

（1）足球要发展制度要当先。科学合理、规范有序制定校园足球制度是校园足球发展的基本前提。同任何事物发展规律一样，培养学生的足球意识、实现足球长远发展必须有一定政策支持和制度保障。所以，在充分调研校园足球基本状况的基础上，制定既符合我国国情又要与我国当前市场经济体制相适应的足球制度是当前校园足球发展的当务之急。既要有相关激励机制激发学生参与足球运动的热情，又要有各职能部门积极参与，保障这项校园运动长期有序进行。

（2）扩大资源配置方式，确保形成校园足球长效发展机制。发展校园足球运动仅仅依靠学校的力量是难以持久的，需要依托社会力量和政府政策与资金的支持。足球场地、资金以及足球专业人才等这些因素都是足球发展的必不可少的资源。而相关资源不足仍然是制约我国校园足球发展的重要因素。

随着改革开放市场经济得以快速发展，这也为发展校园足球运动提供了良好的外部环境，为社会力量参与校园足球运动提供了良好契机。比如企业以赞助的方式实现企业和学校共赢的发展模式，以促进校园足球快速持续发展。

（3）重在参与，扩大校园足球人口规模。足球运动发展离不开群众性基础，只有越来越多的人参与到这项活动中来才能引起人们足够重视，为足球运动发展奠定良好根基。所以新时期校园足球运动不仅需要少部分专业人员参与，更重要的是让广大足球爱好者积极主动参与到这项活动中，以形成全民共识共建共享足球运动发展成果。

（4）构建“一条龙”式的校园足球人才培养体系。后备人才是校园足球可持续发展体系中非常重要的部分，建立一个科学、有效的校园足球后备人才体系对于我国足球运动的长远发展具有深远的影响和意义。因而，建立健全足球后备人才体系是非常必要的，而且这个体系必须是科学合理、上下结合一体，可满足小学、初高中和大学的教育系统。这个体系实施的先决条件是完善我国新时代校园足球后备人才培养的路径。这种培养体系对学生足球运动水平的提高是非常有利的。尽管在校园足球运动中，绝大部分学生参加足球运动的目的是健身或娱乐，但是由于我国人口基数大，也能够涌现出一批水平很高的足球人才，校园足球运动的相关管理人员要能发掘出这些足球人才，并对其加以培训和指导，使其真正成为优秀的足球人才。如此才能建立一个我国校园足球发展的科学化体系，为我国输送高质量的足球后备人才。

校园足球运动的发展是一项涉及多方面的活动，不能单单从教育或是体育部门这一个方面去考虑，而是应将其置于国家整体发展的角度去思考。因此说可持续的青少年足球发展体系的构建，既要考虑我国教育事业与体育事业的发展，又要考虑校园足球在整个足球运动中的地位和功能，从而建立和形成一个科学有效的校园足球发展模式，以满足我国足球事业发展的需要，促进我国足球运动的发展。

二、新时代校园足球运动可持续发展战略推进建议

下面主要从三个层面（国家、布局城市、足球特色学校）对新时代校园足球的持续发展进行论述，分别是宏观、中观和微观采取的对策以及建议。

从宏观上来说，国家对校园足球的支持是至关重要的；从中观层面来说，布局城市应该有原则性地为持续发展的校园足球做指导；从微观上来说，在众多足球学校之中，较为优秀的学校应该针对目前集中性的问题积极地做出回应。学校经常举行足球运动会并将足球教育和知识性东西一起结合起来，当活动被广大群众接纳时，这样可以继续储备人才并进行新型足球人才的培养。

（一）国家层面

1.“摸着石头过河”与“加强顶层设计”相结合

推进局部的阶段性改革开放离不开顶层设计的加强，而顶层设计的加强又需

要改革开放的谋篇布局。俗话说，“摸着石头过河”，借鉴到校园足球内可以理解为，在足球发展的过程中，不断地从实践中探索其规律和方法。在国外有很多成熟的校园足球案例可供参考，国内的众多运动项目比较卓越的成绩也可供借鉴，借鉴和参考不同的成功经验和模式，并非一成不变地照搬过来，主要是由于当前的校园教育理念及文化意识等诸多方面和其他国家有比较大的差异，为了以后足球能够长期发展拥有自己的独特发展模式，所以，我国要想将校园足球长期持续发展下去，必须在借鉴他国的成功经验的同时结合我国自身的国情，再加上足球后备人才的培养，着眼未来，找到一条适合我国国情的校园足球发展模式和理念。

“顶层设计”原本是系统工程学中的概念，主要是指从统筹的角度出发深化各领域的要素，站在全局的角度找出问题的方法。

要想使校园足球的“顶层设计”更加完善，必须注意以下两个方面：

其一，明确足球发展的目标，找准方向针对性地向前发展。国家已经出台了相关的指导文件，比如，《中共中央、国务院关于加强青少年体育、增强青少年体质的意见》（中发〔2007〕7 号）和《国家中长期教育改革和发展规划纲要（2010—2020 年）》等。一切发展必须符合国家的基本方针，不能只考虑眼前，要从长远发展模式考虑，着重校园学生的足球理念的心理素质及相关知识性的培养和历练，不可以过分主张类似于功利和锦标主义这样的思想观念。

其二，在发展校园足球的过程中要持续不懈地倾入创新思维。而且我们所要发展的校园足球既要符合全国普遍性的特征，还要符合各地区本身具有的不同环境及各种资源等条件，显然各地区的校园足球开展也存在很大的差异性。与其他国家相比，我国的足球发展更具有广泛性和复杂性。一方面，我国的在校生有各级各类的而且规模较为庞大，因为此特点，使我国的足球推广比其他国家更具有广泛性；另一方面，我国校园一直在培养足球后备人才，以及提高学生们的各方面的身心素质，这正是体现了我国足球持续发展的复杂性。为此，根据我国的实际国情，全面落实创新理论的校园足球发展，根据足球发展的理念和思想编制适合我国青少年健康发展的教学，不断汲取其他特色校园足球的成功经验，再结合自身的国情特点挖掘出属于中国特色校园足球发展的道路。

2. 始终调控校园足球普及与提高的平衡

我国的校园足球仍然面临着推广与发展这样的决定性问题。校园足球的推广主要是指在开展校园足球的过程中，不断增强青少年的身心健康；这里的提高主要是指通过一系列的恰当手段训练出具有天赋的足球后备人才。我国开展校园足球的核心点就是为了孩子们能够在享受运动的同时带来乐趣，能够健健康康地成长起来，所以我国着手于长期性和复杂性地培养足球储备性人才。

所以，把握好普及和平衡是校园足球开展的重要环节，将大范围的普及工作作为首要任务，尽可能地在校内经常举办一些足球活动，吸引众多学生积极参与进来，早日壮大队伍，不断增加比赛场次，在原有的基础上，积极有效推动高素质人才的涌现。在组织四级联赛的过程中，要全面、系统将联赛的形式、规模和各方面的统筹设计考虑在内，只有通过这种形式才能更好地使校园足球全面顺利地开展。

（二）城市层面

校园足球的开展先以部分地区进行试点，在全国已有49个国家布局城市和13个试点县，11个省的82个省级布局城市，这种规划的目的就是起到相互衔接的作用。全国各地的环境、社会文化有明显的不同，所以，开展适合当地特色的足球校园运动是至关重要的部分。

1. 明确布局城市开展校园足球的要求

校园足球的部署根据各地区的环境和社会文化等方面的不同呈现差异化，所以足球开展的核心思想及重点也存在差异，各布局城市应该根据国家政策结合自身的经济文化与环境氛围研究出属于当地特色的足球运动，顾及眼前着眼未来，研究出适合本地区高校及中小学的实施规划，有目的性地全力开展足球运动。

2. 构建完整的布局城市校园足球组织机构

各布局城市校园足球发展组织机构应该根据国家成立的足球小组去指定组织机构，它是隶属于全国校园足球办公室，这种高效有执行力的组织机构是由各布局城市的教育、财政以及体育等组织共同构成的，这种组织机构是校园足球发展的有力保障。其组织机构的主要职责是：督促各校园普及足球运动项目，辅助各地区指定足球开展的规划，处理好各校园足球比赛前的辅导及师资力量的培训，在一定程度上的经费扶持，组织各校园足球队员经验交流以及理论知识和实践的探讨等。

3. 加强布局城市校园足球师资的培训和引进工作

在校园足球发展中，具有专业性的师资队伍是非常关键的，不论是布局城市还是足球学校的持续发展，都与教练员的水平和积极性有一定的联系。尽管各地的管理干部及指导员都经过国家的专业化培训，但是在校园内，仍然会出现人才的匮乏和部分问题，要想培养一个专业水平的人员，通过短期的3～5天根本不可能完成最初的设想。所以，布局城市必须根据当地的具体情况而定，从两方面给出方案：其一，学校针对足球指导员通过寒暑假组织不同场次的培训进行指导，还可以聘请足球专家或者教授等专业性老师进行零距离沟通探讨，利用“国培计划”，培养出高骨干的教练。其二，在学校招考时，可以严格把关优先招考具备足球专业知识的老师，这样既有利于足球运动的开展，又可减轻学校的经济负担。

4. 组织开展具有地区特色的校园足球活动

各地区应利用自身的环境亮点组织各类有特点的足球活动项目。在校园足球活动的开展中本着“务实、有效”的理念。开展的校园足球活动项目是以青少年身心发展为核心特征。开展足球运动的目的就是激发学生的积极性与热情，进而增强他们的身心素质能力。就这一基本原则，很多布局城市已经着手实施并取得相应的成效，例如上海的“校园足球节”和大连的“绿茵工程计划”等，值得各地学习。

5. 加大校园足球的社会宣传和吸引社会赞助

校园足球在宣传方面，应该通过媒体大力度地从正面正确地宣传导向，让更多的父母和孩子意识到足球活动不仅可以享受运动的乐趣，更重要的是能使孩子在身心素质方面健康地成长，主张使更多的青少年参与进来，共同支持校园足球的持续发展。在活动经费方面，尽管国家体育总局从经费上已经大力支持足球的发展，从2013年开始每年拨款，从4000万元增至5600万元，虽然政府的扶持对校园足球的发展至关重要，但是单一靠政府的支持根本无法大面积地开展工作。所以，校园足球计划要想持续发展，必须采取多种办法，即“政府拨一点，社会筹一点，单位出一点”，从各方面加大宣传力度，把社会各界人士的眼球吸引过来，进而解决足球经费短缺的问题。

（三）校园足球特色层面

推广校园足球，足球特色学校占据着重要地位，国家的政策制定和规划可作为参考依据。在校内为了推广校园足球的快速发展，从三方面着手：其一，学校不可以占用学生正常的课程安排用来进行足球的教学；其二，充分发挥校园足球的功能，将其作为一项锻炼自身能力的运动；其三，大力开展校内足球运动，为足球后备人才奠定良好的基础。

1. 小学阶段

（1）将“健康第一”的理念融会贯通于日常教学和生活中。对于小学来说，一直坚守“健康第一”的理念，校园足球的开展重点是培养儿童的体育意识，以及增强他们对足球运动的知识储备和身心健康。千万不能将比赛结果作为最终目的。包括国外的足球运动，“在制订发现青少年儿童运动人才的计划时，都淡化比赛成绩，强化兴趣与动机的培养，倡导快乐足球。”[1] 社会媒介也纷纷做出合理的言论，“体者，载知识之车而寓道德之舍也”，让这种理念深入人心，让每位家长和孩子都体会到其中的真正价值所在，从小培养孩子们对体育正确的认

---

[1] 刘卫民，刘艳明，覃凤珍．国外青少年儿童足球运动员选材过程研究综述［J］．体育学刊，2011（1）：109～115.

知理念，学校、家长、孩子共同打造一个良好的体育氛围。

（2）广泛开展丰富多彩的趣味性校园足球活动。对于小学阶段的孩子来说，趣味性的东西是他们唯一感兴趣并且保持下去的，因为他们年龄比较小，骨子里的意志力相对成年来说比较弱，所以足球的教学过程太过乏味，不会得到学生们的喜爱，甚至可能出现厌恶的态度。所以，在开展足球运动的过程中，应该因人而异，根据小学生的心理特点来设定不同形式的足球娱乐游戏，例如，“运球接力赛”“网式足球”等娱乐活动，使孩子们在欢快的氛围中接受足球。对于小学高年级的学生来说，可以借鉴荷兰青少年足球训练教学，即 3V3、4V4、5V5 等比赛形式，称为“小型比赛”的方式，这个方式主要突出的是包含有正式足球比赛的所有要素及规则，包括球、同伴、对手、球门、空间、规则，培养了青少年对足球技能方面的锻炼。

（3）形成校长、教练员、家长、孩子四位一体的校园足球发展合力。为了校园足球快速发展，校长、教练员与家长和孩子携手形成密切的合作关系，利用一切可以利用的资源和手段，一起营造良好的氛围，大家共同合作、互相理解全力推进足球运动的发展。假如得不到任何一方的支持，校园足球的推进显然是寸步难行。所以，形成四位一体是必然趋势，校长与教练员作为学校的主要执行者，家长应积极回应参与进来，共同促进校园足球发展的合力。采取何种措施，可以使家长与孩子积极地做出响应：其一，学校学会借力，借助家长会或者专题报告等形式全面介绍宣传足球活动给学生带来健康的身心素质。其二，学校专门组织各类活动邀请家长进行观摩，共同携手将校园足球进一步强化到实处。

2. 中学阶段

（1）在广泛普及的基础上丰富校内足球竞赛活动。据调查，很多特色学校存在一个相同的问题，即没有落实真真正正的校园足球，而是针对部分足球爱好者进行培训，然后去参加各种校外比赛活动。所以目前普遍存在的问题是足球没有完全普及到位，未能形成一种可观局面，即“班班有队”“周周有赛”，这种现象严重与国家的指导思想“在青少年学生中普及足球知识和技能，形成校园足球文化，从而培养全面发展、特长突出的青少年足球后备人才”相背离。20 世纪 80 年代是我国足球开展的初级阶段，曾举办过“幼苗杯”“萌芽杯”“希望杯”，当时，确实取得了非常不错的效果，把足球运动推到了一个新的阶段；但是在后期发展严重扭曲化，重点转变为足球比赛名次上，显然已经陷入功利主义的氛围中。今后，我们应该重新审视校园足球的开展，决不能重蹈覆辙。

（2）加强校园足球文化建设和足球校本课程的开发。校园精神文明建设的重要项目之一是校园足球文化建设，校园足球文化建设不但具有宣传作用，还有增强青少年的体育认知度和培养爱好的作用。不同的特色足球校园可以根据本地的习俗、环境氛围以及相关办学条件进行适当的校园足球文化建设，举办各种图片展、足球竞赛或者广播录像等各种活动项目，为了激发学生们对足球等体育项目的热情和主动性。在推广体育项目特色建设的同时，不断地鼓励各地区的特色足球学校在政府的规章制度下设定足球相关课程以及大量宣传足球开展的人文精神，同时根据当地的校园特色及办学条件进行属于自身学校的足球教学，将足球理论性知识与实践相互融合，进而增强足球自身的亮点，使青少年逐渐倾向于足球运动项目。

（3）加强足球重点学校建设。据调查，我国注册的足球学校从1997年的3000多所，萎缩到2007年末的20多所。是什么原因导致国内足球学校出现严重的缩水状况因为足球运动的环境氛围差，队伍之间的淘汰率比较高，队员的成长期慢，以及在社会上的出路难以稳定等一系列原因导致校园足球的发展缩水。培养特色的足球重点学校正好解决以上所有的问题。所以，下一步应抓紧落实足球重点学校的工作开展，争取同时做到足球的普及与提高。走出适合自身特色的足球之路，从而倡导更多的学校重视并实施校园足球。与此同时，国家政府方面的扶持是必然的，激发各校园足球的热情。

3. 大学阶段

（1）充分发挥高校的资源优势。在校园足球的普及方面，高校相对比中小学生更容易些。高校学生多、环境氛围良好，有足够的活动场地等，这些都是高校具备的优势。高校应该利用好有利的条件，抓住机会全力开展足球运动；同时结合学生干部等社团组织一起发挥优势开展活动，将大学生的健康素质放到学校发展规划中，普及开展体育运动和足球活动，全面促使大学生在汲取知识的同时获取身心健康的成长。

（2）创新人才培养模式，做好体教结合的大文章。怎么才可以做到体教结合，培养创新性的人才，这是值得人们共同探讨研究的。譬如三峡大学“一贯制”培养模式，针对不同阶段的高水平足球运动员作为培养方案，根据球员的年龄及训练内容，划分出三个层次：青少年学习阶段、大学实践阶段和俱乐部成熟阶段。其最终的目标就是培养出“具有良好综合素质的高水平运动员”❶。实现“校企结合”的培养模式，例如武汉地龙俱乐部和湖北大学五人制足球队曾联手为国家输送出众多五人制足球运动员，在国际赛场上获取优异的成绩。❷

（3）建立小学—中学—大学多赢合作联盟，促进一体化发展。校园足球发展战略的顶端为大学场所，大学既是培养历练人才的地方，还起到了人才输送的

---

❶ 杨宇飞，段红安，夏青．三峡大学培养高水平足球运动员模式探析［J］．体育学刊，2011（1）：92～94.

❷ 赵乐，曾吉．校企结合模式下五人制足球人才培养研究——以湖北大学为例［J］．体育文化导刊，2012（2）：123～125，141.

关键作用。政府应该适当鼓励资历比较深厚的高校加大力度招收一些足球运动爱好者，在同城之中与中小学相互配合完成人才的历练与输送的任务，同时规定凡是具有优秀足球体能者，在升学方面给予一定支持，一来消除了父母和孩子的顾虑，二来将校园足球推向新的高度。同时建立高校与中小学的合作关系，根据不同阶段的学生有针对性地进行教育，这种梯队的培养模式恰恰避免了教学中的重复性，从而有序地确保了人才培养过程中的衔接性。一直以来被外界赞不绝口的“北理工模式”❶ 就是采用这种教学手段，坚持以教育为理念，以小学为教学基础，大学为重要的龙头，而中学是小学和高校的连接纽带，充分利用一切可以利用的教育资源进行校园足球大规模开展。

（4）选聘高水平教练执教，提升训练水平。运动员是否可以提升各自的运动成绩，教练员起着至关重要的作用。在我国校园内，足球教练员一般都是由学校体育老师担任，尽管他们具备体育方面的教学知识及一定的阅历，但是对于专业的足球运动还是比较匮乏，往往当前学校的足球发展被这一现象所束缚，不能快速地向前进展。因此，应采取相应的措施，从内部挖掘或者外部引进来解决高水平的教练执教。

❶ 时卫东，潘日春，董志江，等．“北理工模式”培养我国高素质足球人才研究［J］．中国体育科技，2009（4）：62～67.

参考文献

[1] 姜鹏．青少年足球发展分析与科学训练研究 [M]．北京：中国纺织出版社，2017.
[2] 张英波．现代体能训练方法 [M]．北京：北京体育大学出版社，2006.
[3] 刘桦楠．新时代校园足球理论与实践 [M]．长春：东北师范大学出版社，2014.
[4] 汤信明．足球运动教学与训练 [M]．武汉：华中科技大学出版社，2012.
[5] 毛志雄，迟立忠．运动心理学 [M]．北京：中国人民大学出版社，2015.
[6] 陈晴．中国足球运动百年发展史 [M]．武汉：华中科技大学出版社，2017.
[7] 肖咸清．发展校园足球助力人格素养 [J]．科学咨询（教育科研），2016，(28)：4.
[8] 侯学华．全国青少年校园足球活动价值研究 [J]．北京体育大学学报，2012，35 (12)：77～83.
[9] 李言成．校园物质文化建设与学生健康人格培养——论校园环境育人 [J]．理论观察，2013 (11)：120～121.
[10] 汪勰斯．在校园足球融入生命教育理念 [J]．新课程学习（上），2014 (5)：184～185.
[11] 牛志培．青少年足球运动员的群体凝聚力；结构及训练比赛满意度的关系 [M]．北京：北京体育大学出版社，2016.
[12] 牛文元．中国可持续发展总论 [M]．北京：科学出版社，2007.
[13] 叶正波．可持续发展评估理论及实践 [M]．北京：中国环境科学出版社，2002.
[14] 曾珍香，顾培亮．可持续发展的系统分析与评价 [M]．北京：科学出版社，2000.
[15] 韩英．可持续发展的理论与测度方法 [M]．北京：中国建筑工业出版社，2007.
[16] 蔡林．系统动力学在可持续发展研究中的应用 [M]．北京：中国环境出版社，2008.
[17] 邓万先．非奥运项目与我国群众体育的可持续发展 [J]．体育学刊，2010 (12)：19～23.
[18] 宋兆麟．蹴鞠——中国古代的足球运动 [M]．北京：商务印书馆出版社，2017.
[19] 王格．我国校园足球活动开展的现状、问题及对策研究 [J]．沈阳体育学院学报，2011，30 (2)：99～102.
[20] 丛洪岩，李小伟，刘辉．阳光体育运动的价值与其可持续性发展的研究 [J]．北京体育大学学报，2010，33 (11)：87～90.
[21] 王启俊．"赋能"理念下校园足球文化的构建 [J]．当代体育科技，2014，(30)：119～121.
[22] 刘伟．我国体育可持续发展系统及评价研究 [D]．福州：福建师范大学，2008：17～98.
[23] 刘杨．基于 SG－MA－ISPA 模型的区域可持续发展评价研究 [D]．重庆：重庆大学，2012：35～92.
[24] 刘志民，虞重干，刘炜，等．竞技体育可持续发展的评价指标体系 [J]．体育学刊，2002，19 (1)：15～19.
[25] 齐建民，基于可持续发展的石油企业战略成本管理研究 [D]．天津：天津大学，2012：23～43.
[26] 方仁权．韩国学校足球高水平运动员培养机制分析 [J]．中国体育科技，2010，46 (6)：56～59，72.
[27] 陆小聪，秋鸣，李龙洙，等．韩国职业足球运动的历史与现状 [J]．体育科研，2010，31 (3)：63～68.

[28] 田野．中国竞技体育金牌战略发展与转型——优势项目，体能项目，“三大球”项目[J]．体育科学，2013，33（12）：3～4.

[29] 时卫东，潘日春，董志江，等．“北理工模式”培养我国高素质足球人才研究[J]．中国体育科技，2009（4）：62～67.

[30] 徐勇．我国优秀青少年足球队教练员领导行为的研究[J]．四川体育科学，2003，(4)：37～39.

[31] 封飞虎，凌波．运动生理学[M]．武汉：华中科技大学出版社，2014.

[32] 杨宇飞，段红安，夏青．三峡大学培养高水平足球运动员模式探析[J]．体育学刊，2011（1）：92～94.

[33] 赵乐，曾吉．校企结合模式下五人制足球人才培养研究——以湖北大学为例[J]．体育文化导刊，2012（2）：123～125，141.

[34] 刘卫民，刘艳明，覃凤珍．国外青少年儿童足球运动员选材过程研究综述[J]．体育学刊，2011，18（1）：109～115.

[35] 徐敦楷．顶层设计理念与高校的科学发展[J]．中国高等教育，2008，(22)：11～12.

[36] 苗东升．论系统思维（六）．重在把握系统的整体涌现性[J]．系统科学学报，2006，14（1）：1～5，81.

[37] 叶正波．可持续发展评估理论及实践[M]．北京：中国环境科学出版社，2002.

[38] 张力为，毛志雄．体育科学常用量表评定手册（第2版）[M]．北京：北京体育大学出版社，2004.

[39] 赵溢洋，刘一民．教练员领导行为研究进展评述[J]．天津体育学院学报，2004，19(2)：31～33.

[40] 张力为，毛志雄．运动心理学[M]．上海：华东师范大学出版社，2003.

[41] 张力为，毛志雄．体育科学常用心理学量表（第2版）[M]．北京：北京体育大学出版社，2010.

[42] 吴明隆．结构方程模型——AMOS的操作与应用（第二版）[M]．重庆：重庆大学出版社，2010.

[43] 荣泰生．AMOS与研究方法（第2版）[M]．重庆：重庆大学出版社，2010.

[44] 王崇喜．球类运动——足球（第3版）[M]．北京：高等教育出版社，2016.

[45] 程梦辉．图书中国古代足球[M]．北京：商务印书馆出版社，2008.

[46] [美] 约瑟夫·A，勒克斯巴切尔．足球运动训练项目宝典[M]．北京：人民邮电出版社，2016.

[47] 路云亭．文明的冲突足球运动在中国的传播[M]．上海：上海人民出版社，2015.

[48] 刘秉果，赵明奇．中国古代足球[M]．济南：齐鲁书社，2008.

[49] 周天全．足球与创新[M]．北京：中国人民公安大学出版社，2014.

[50] 杨翼．运动性疲劳与防治[M]．北京：北京体育大学出版社，2008.

[51] 陈易章．足球裁判晋级必读[M]．北京：北京体育大学出版社，2007.

[52] 王中亮．中国报纸足球新闻的后代嬗变[D]．武汉：华中师范大学，2006：7～28.

[53] [英] 亨特·戴维斯．足球史[M] 李军花，译．太原：希望出版社，2005.

[54] 理查得·霍金．足球健康[M]．杜海坤，阳效，李晓芸，译．北京：北京体育大学出

版社，2005.
[55] 常法宽．图说古代足球［M］．北京：商务印书馆，2008.
[56] 谷贻林，杨小雄．足球［M］．长沙：湖南大学出版社，2004.
[57]［美］唐纳德·T·柯肯德尔．Soccer Anatomy 足球运动系统训练［M］．曾少宁，译．北京：人民邮电出版社，2015.
[58] 金汕．当代北京足球史话［M］．北京：当代中国出版社，2012.
[59] 张瑞林，许景朝，叶燎坤．足球运动（第2版）［M］．北京：高等教育出版社，2016.